GARY TEJA

FORMACIÓN ESPIRITUAL

Pautas para el crecimiento cristiano

EDITORIAL CLIE
M.C.E. Horeb, E.R. n.º 2.910-SE/A
C/ Ferrocarril, 8
08232 VILADECAVALLS (Barcelona) ESPAÑA
E-mail: clie@clie.es
Internet: http:// www.clie.es

FORMACIÓN ESPIRITUAL
Gary Teja

FACULTAD LATINOAMERICANA DE ESTUDIOS TEOLÓGICOS

Depósito legal: B 16261-2010
ISBN: 978-84-8267-551-0

Impreso en España / *Printed in Spain*

Clasifíquese:
Educación cristiana
Adultos
REL095000
Referencia: 224692

CONTENIDO

CAPÍTULO 1:
LA FORMACIÓN ESPIRITUAL

Introducción

Vamos a emprender un viaje juntos, un viaje de fe en el que la meta final es "el crecimiento en Cristo" (2 Pedro 3.18). Vamos a aprender juntos lo que significa ser transformado por Dios a Su imagen, de modo que podamos hacer su voluntad con amor y alegría.

No se trata de una tarea fácil, ni de algo que podamos hacer sin que alguien nos guíe. Por otra parte, es un viaje que pueden emprender sólo aquellos que han sido regenerados por el Espíritu de Dios. No está pensado para los no creyentes. Es por esto que lo primero que asumo al escribir este libro, es que el lector, aprendiz o viajero que lo emprende, ha sido llamado por Dios a ser salvo, ha recibido la presencia de Su Espíritu, y tiene el deseo de aprender acerca de cómo seguir los pasos de Jesús, imitarle y tener pasión por conocer la voluntad de Su Padre.

Caminaremos hombro a hombro a lo largo de este curso, porque al escribirlo también yo estaré aprendiendo. El viaje del cristiano dura toda la vida. Éste no habrá terminado hasta que seamos glorificados en Cristo. Benner dice, "Para los cristianos, el peregrinaje espiritual es la esencia de su estadía en esta tierra. Creemos que nuestra condición humana alcanza su objetivo último en la unión con Dios a través de Cristo. Por tanto, nada hay más importante que descubrir y hacer real a aquel ser único en Cristo que constituye nuestro destino eterno. Esta es la esencia de la espiritualidad del cristiano".[1] Así es que concertémonos para

---

[1] D. Benner, *Sacred Companions: The Gift of Spiritual Friendship and Direction* [Compañeros sagrados: El don de la amistad y la dirección espiritual] (Downers Grove: InterVarsity Press, 2002), p. 16.

aprender juntos y descubrir lo que Dios quiere enseñarnos acerca de lo que significa ser formados espiritualmente en Él, con miras a nuestro destino terrenal y eterno.

Los pasos previos

Cada viaje requiere pasos previos. Antes de salir de casa preparamos nuestro equipaje y planificamos el viaje. También en la formación espiritual existen pasos previos. Consideraremos estos pasos previos a través de las siguientes diversas metáforas e imágenes.

Un transatlántico planifica navegar desde Nueva York al Caribe, para luego cruzar el Canal de Panamá y subir por la costa oeste de Estados Unidos. El capitán tiene la responsabilidad de guiar este barco en esta travesía interoceánica. Por supuesto, no podrá hacerlo sin contar con los mapas que lo guíen. Ningún capitán en su sano juicio saldría sin el correspondiente conjunto de mapas, entre los cuales se incluyen mapas de las corrientes marinas. Estos cruceros están además conectados vía satélite a un sistema de posición global (GPS), el cual transmite la posición del barco en función de los mapas existentes, de modo que el capitán puede ver en cada momento en qué lugar de alta mar se encuentran. Antiguamente se usaba compás y sextante sobre un mapa, y se utilizaba las estrellas como referencia. Además el capitán debe informarse por medio de los mapas de la existencia de arrecifes u otros obstáculos en los que el barco pudiera encallar.

Al abordar un avión para hacer un viaje, sea que vayamos de un estado a otro, de un país a otro, o que crucemos el océano, sencillamente ponemos nuestro equipaje en los compartimientos dentro del avión, nos sentamos, nos ponemos el cinturón de seguridad y esperamos el momento del despegue. Sin embargo, ya antes de que llegáramos al aeropuerto, la aerolínea había hecho una extensa y detallada revisión de cada cosa. El avión tiene que pasar por una serie de revisiones y verificaciones antes de salir del hangar. Cada sistema debe estar funcionando en óptimas condiciones. Se revisa las ruedas, las alas, el nivel de combustible, y se verifica que funcionen correctamente las presiones de aceite de los sistemas hidráulicos. Se traslada a bordo la comida de los pasajeros y el equipaje debidamente chequeado. El piloto tiene un plan de vuelo informado al que debe ajustarse. Se consulta el informe del tiempo y los mapas correspondientes a la ruta a seguir. El piloto no puede salir del hangar hasta completar todos los preparativos y verificar que todos los sistemas funcionan correctamente. Por supuesto, debe también conocer con exactitud cuál es su lugar de destino.

Un constructor decide edificar una casa nueva para luego ponerla en venta. Para ello requerirá que un arquitecto diseñe los planos. Estos planos le indicarán donde poner las vigas, a qué distancia éstas deben ir, dónde instalar el sistema eléctrico, de agua potable, calefacción y aire acondicionado. Si la casa va a construirse en una zona de huracanes, deberá construirse de manera tal que ofrezca un buen grado de protección a sus futuros moradores. No debe ocurrir que se venga abajo con los primeros vientos huracanados.

Los inspectores deberán revisar todos los sistemas antes de que la casa se considere terminada y pueda ponerse el letrero "se vende". Al construir una casa lo más importante es poner cimientos firmes sobre la que ésta descanse. Si esto no se hace bien, la casa tambaleará, las paredes se quebrarán, y quizás algunos sectores se hundan. Cada vez que salgo a caminar observo una casa que no se construyó sobre una base sólida. La mitad de la casa está inclinada y un tanto hundida.

Estos pasos previos son aun más cruciales si se trata de un edificio en altura o un rascacielos. Habrá que poner pilotes de acero sobre roca sólida, y se necesitará que las paredes sean edificadas de manera tal que resistan vientos fuertes y vibraciones. En el caso de que el edificio se construya en un área de terremotos, la base deberá ser antisísmica. Sea una casa o un rascacielos, el constructor deberá revisar los planos antes de comenzar el trabajo para no poner en riesgo el buen funcionamiento de la estructura.

Un aspirante a físico comienza un programa de largos años de preparación antes de ocupar su puesto como físico. Inicia sus estudios básicos en aritmética y la tabla numérica, sigue luego con los logaritmos, para después avanzar con cursos de física general, teoría de la relatividad y física cuántica. Sin la correspondiente preparación básica, no podría progresar y convertirse en un físico. Probablemente sería alguien como yo, un ignorante en materias de física.

Un nadador no llega a las olimpiadas permaneciendo sentado frente al televisor. Necesita entrenar diariamente durante horas y perfeccionar sus habilidades en diversas competencias deportivas. Tendrá que fortalecer sus músculos levantando pesas, corriendo y haciendo todo lo necesario para alcanzar la fuerza y la velocidad necesaria. Nadie llega a las olimpiadas sin haber tenido antes un plan de entrenamiento. Pablo escribe, "Todos los deportistas se entrenan con mucha disciplina" (1 Corintios 9.25). El nadador olímpico necesita comenzar bien si quiere terminar bien.

Si un soldado va a la batalla, tiene que revisar su arma, ponerse casco, chaleco antibalas y todo el equipo que se requiere para la supervivencia. En la actualidad, el soldado profesional necesita incluso lentes infrarrojos para actividad nocturna y un avanzado sistema de comunicaciones. Un soldado jamás pensaría en ir a la guerra sin el equipo apropiado. Esto es especialmente cierto tratándose de la vida cristiana. La Biblia incluso nos habla en términos de una batalla espiritual. Pablo escribe a los efesios, "Póngase toda la armadura de Dios para que puedan hacer frente a las artimañas del diablo" (Efesios 6.11). El cristiano no debe salir al mundo sin su armadura, "Porque nuestra lucha no es contra seres humanos, sino contra poderes, contra autoridades, contra potestades que dominan este mundo de tinieblas, contra fuerzas espirituales malignas en las regiones celestiales" (v. 12). El cristiano se equipa colocándose la armadura espiritual que necesita para sobrevivir a las batallas espirituales que le rodean. Él tiene que comenzar bien para salir vivo. La descripción de esta armadura espiritual continúa en los versículos 13-18.

En su libro *Conocimiento básico de la fe*,[2] los autores entregan su opinión de lo que es la formación espiritual haciendo una comparación entre el crecimiento espiritual y el crecimiento físico. Ellos nos recuerdan que existen cinco etapas por las cuales pasamos todos durante nuestro desarrollo: nacer, alimentarse, aprender a caminar, crecer, y alcanzar la madurez. Ellos comparan la vida natural con la vida espiritual, en donde el creyente necesita nacer de nuevo, alimentarse de la Palabra de Dios, aprender a caminar de un modo digno de Dios, crecer espiritualmente, y dar frutos tras alcanzar la madurez en el evangelio. Sea que se trate de un crecimiento físico o espiritual, si alguna de estas etapas falla, no nos desarrollaremos completamente, estaremos desnutridos, o faltará algo para alcanzar la madurez total. Mucho de lo que ocurre en nuestra formación espiritual definirá la fortaleza de nuestra fe frente al mundo y ante Dios.

---

[2] W. Gritter y A. Marcos, *Conocimiento básico de la fe* (Grand Rapids: Libros Desafío, 1989).

Un buen comienzo

Los pasos previos de los ejemplos antes descritos, nos muestran cómo realmente "comenzar bien". No obstante, frecuentemente el énfasis del desarrollo cristiano se pone en el "terminar bien". Al igual que Pablo, decimos en nuestros corazones, "con tal de que termine mi carrera y lleve a cabo el servicio que me ha encomendado el Señor Jesús…" (Hechos 20.24). Junto con él decimos, "Así que yo no corro como quien no tiene meta; no lucho como quien da golpes al aire. Más bien, golpeo mi cuerpo y lo domino, no sea que, después de haber predicado a otros, yo mismo quede descalificado" (1 Corintios 9.26-27). Pablo mismo pudo decir después, "He peleado la buena batalla, he terminado la carrera, me he mantenido en la fe. Por lo demás me espera la corona de justicia que el Señor, el juez justo, me otorgará en aquel día; y no sólo a mí, sino también a todos los que con amor hayan esperado su venida…" (2 Timoteo 4.7-8). El autor de Hebreos lo resume de la siguiente manera, "Por tanto, también nosotros, que estamos rodeados de una multitud tan grande de testigos, despojémonos del lastre que nos estorba, en especial del pecado que nos asedia, y corramos con perseverancia la carrera que tenemos por delante. Fijemos la mirada en Jesús, el iniciador y perfeccionador de nuestra fe…" (Hebreos 12.1-2). Un corredor en esos tiempos, ceñía su vestimenta para no llevar peso innecesario, de manera que nada le perturbara en su carrera ni distrajera su vista de la meta. Nuestra meta final es Jesús, ser como él, reflejar su imagen en este mundo.

Existe una legítima preocupación por que los líderes terminen bien, por que sean emocional y moralmente exitosos. Existen tantas historias tristes de líderes cristianos que como estrellas fugaces cayeron en tierra después de haber tenido un ministerio brillante. Hay muchos líderes cristianos hoy en día que tienen ministerios "exitosos", pero al final su reputación y credibilidad se ven empañadas por pecados y desatinos.

En los círculos cristianos existe preocupación por terminar bien, y esto es ciertamente importante, pero quizás el énfasis debiera estar puesto todavía más en el comenzar bien. Cada una de las ilustraciones que vimos anteriormente nos habla de la preparación, de *comenzar bien*. Es lógico pensar que para terminar bien haya que comenzar bien. Es por esto que en este curso, el énfasis estará en *comenzar bien* nuestra vida cristiana. De esto se trata la formación espiritual, de prepararnos para este viaje espiritual a través de la vida, de modo que un día podamos pararnos con gozo frente al Señor y oírle decir, "¡Hiciste bien, siervo bueno y fiel!" (Mateo 25.23).

Este "comenzar bien" es a lo que Pablo se refiere cuando nos insta a usar la armadura espiritual. Esto es lo que Jesús también nos dice en la parábola de los talentos cuando nos habla de fidelidad. Si tenemos un buen comienzo en nuestro caminar cristiano, desarrollaremos las disciplinas espirituales necesarias que nos guíen a través de la vida y aprenderemos a establecer los límites que nos ayuden a permanecer firmes a lo largo de nuestra vida.

En su libro *Starting Well* [Comenzar bien], Clinton y Leavenworth dicen, "Creemos que existen ciertos principios bíblicos, los cuales correctamente aplicados ayudarán a los cristianos a comenzar, permanecer y terminar bien en sus vidas y ministerios".[3] Mencionan las características de aquellos que terminan bien, los obstáculos que impiden que terminen bien, y destacan

---

[3] R. Clinton y P. Leavenworth, *Starting Well: Building a Strong Foundation for a Lifetime of Ministry* [Comenzar bien: La edificación de un fundamento firme para un ministerio de toda la vida] (Altadena, CA: Barnabas Publishers, 1994). p. ii.

aquellas cosas que nos ayudan a terminar bien. Entre las cosas que ayudan están los momentos de renovación espiritual, el ejercicio de las disciplinas espirituales, el interés por aprender del Señor, y la disposición a establecer una relación de mentoría. Mucho de esto será desarrollado en este curso de formación espiritual. De más está decir que los citados autores están estableciendo las bases para un desarrollo del carácter. La formación espiritual podría bien llamarse el desarrollo del carácter. De hecho, la formación espiritual es el desarrollo del carácter bajo la dirección del Espíritu Santo. Esta es la única forma de desarrollar el carácter que ayudará al creyente a terminar bien. Comprendemos por qué Leavenworth dice, "El desarrollo de nuestro liderazgo gira en torno al problema del desarrollo del carácter. Como líderes en formación, necesitamos ser sensibles a la mano modeladora de Dios permitiéndole que transforme nuestro carácter.

El ministerio realmente efectivo surge de una vida firmemente fundada en un carácter piadoso".[4]

Rick Warren escribe, "La meta final de Dios para tu vida no es tu comodidad, sino el desarrollo de tu carácter. Él quiere que crezcas espiritualmente y llegues a ser como Cristo. Lle-

> **Es lógico pensar que para terminar bien hay que comenzar bien. Para nosotros, en este curso, el énfasis estará en comenzar bien nuestra vida cristiana. De esto se trata la formación espiritual.**

---

[4] Clinton y Leavenworth, p. 59

gar a ser como Cristo no significa perder la propia personalidad o convertirse en un clon. Dios nos creó únicos, y obviamente no quiere destruir aquello. Llegar a ser como Cristo tiene que ver con la transformación del carácter, no de la personalidad".[5]

En mis primeros años como misionero en Centroamérica, me rodeé de un grupo de líderes en formación, hombres con quienes pasé horas enseñando y practicando el arte del pastorado. Me aseguré de que tuvieran una base sólida en las doctrinas de la iglesia. Muchos podían incluso repetir de memoria largos pasajes bíblicos. Con el tiempo, muchos de estos líderes cayeron moralmente. Cuando pienso en aquellos tiempos, me doy cuenta de que me preocupé de sus cabezas (doctrina) y de sus manos (habilidades ministeriales), sin preocuparme demasiado de sus corazones (carácter / formación espiritual). Ahora veo con gran pesar, que les hice un muy mal servicio. Los preparé para fracasar al no ayudarles a "comenzar bien". Ahora sé que los líderes en formación necesitan estar primero bien fundamentados en Dios, y que más tarde podemos añadirles las doctrinas y las habilidades.

Thomas explica muy bien esta situación cuando escribe, "A muchos cristianos nunca se les ha enseñado a 'alimentarse' espiritualmente. Mantienen una dieta que los tiene al borde de la inanición y luego se sorprenden de estar siempre con 'hambre'".[6]

La Santificación

La doctrina de la santificación se destaca entre las doctrinas de la iglesia. Esta doctrina tiene mucho que decirnos acerca de la

---

[5] Rick Warren, *Una vida con propósito* (Miami: Editorial Vida, 2003), p. 173.

[6] G. Thomas, *Sacred Pathways: Discover Your Soul's Path to God* [Huellas Sagradas: Descubra el camino de su alma hacia Dios] Grand Rapids, Zondervan, 1996), p. 15.

formación espiritual. La santificación es el proceso de llegar a ser como Cristo, como Jesús. Al dirigirse al joven Timoteo, Pablo le habla de ser santificado. Él escribe, "Si alguien se mantiene limpio, llegará a ser un vaso noble, santificado, útil para el Señor y preparado para toda obra buena" (2 Timoteo 2.21). En otras palabras, Dios quiere transformarnos en vasos para causas nobles, hacernos santos a sus ojos. Este es el trabajo de la santificación, el proceso de llegar a ser santos y así servir al Maestro. Berkhof en su *Teología Sistemática* describe la santificación, sin dejar ninguna duda de que se trata de un trabajo sobrenatural de Dios, el cual resulta de morir a la vieja naturaleza y nacer a la nueva.[7]

Esto es lo que somos en Cristo, "santificados en Cristo Jesús y llamados a ser su santo pueblo" (1 Corintios 1.2). La palabra *santificados* tiene dos aspectos, uno se refiere a ser apartado, el otro, a un estado de santidad (véase Juan 10.36). Al responder a aquellos que lo acusaban de blasfemia, Jesús preguntó "¿Y qué de aquel que Dios separa para sí mismo y lo envía al mundo?" *El ser apartado*, normalmente es traducido como *santificado*. De acuerdo con Clinton y Leavenworth, "La palabra santificar en el Nuevo Testamento, tiene la misma raíz que las palabras puro y santo. En la Biblia, la santificación supone la separación...".[8] Hemos sido separados de este mundo, a través de nuestro compromiso con Cristo, y necesitamos vivir este compromiso en una forma real. La santificación es el proceso de llegar a ser santo, de llegar a ser como Cristo a través del Espíritu que opera en nuestras vidas. En Juan 15.5, Jesús dice, "Yo soy la vid y ustedes son las ramas. El que permanece en mí, como yo en él, dará mucho

---

[7] Rick Warren, *Una vida con propósito* (Miami: Editorial Vi
Luis Berkhof , *Teología Sistemática* (Grand Rapids: Libros
Desafío, 2002), pp. 638, 639.
[8] Clinton y Leavenworth, p. 28.

fruto; separados de mí no pueden ustedes hacer nada" ¡Imagínelo! Mientras estamos "en él" damos mucho fruto. Separados de él, no podemos hacer nada. La santificación es el proceso de vivir "en él" y llegar a ser más como él.

Imagínese una fogata en la que hay varios leños ardiendo. Tome uno de ellos y déjelo a un lado, verá como se enfría hasta apagarse completamente. Mientras se mantiene con los demás en el fuego este leño arde estupendamente. Al sacarlo de la fogata todo este fulgor desaparece. Considere otra figura: Mire esta noche la luna antes de acostarse, repare en su luminosidad. Sin embargo, la luna es sólo el reflejo de la luz que proviene del sol. Ponga la tierra entre ambos (un eclipse lunar) y la luz desaparecerá. Podemos reflejar la luz de Dios sólo estando con él, sólo siendo santificados.

Hemos sido llamados "a ser transformados según la imagen de su Hijo" (Romanos 8.29), para que "de este modo, todos lleguemos a la unidad de la fe y del conocimiento del Hijo de Dios, a una humanidad perfecta que se conforme a la plena estatura de Cristo" (Efesios 4.13). ¡Imagínese llegando a ser un "adulto en Cristo"! Esto es lo que significa llegar a la madurez espiritual. Frases como: "alcanzar la unidad de la fe y del conocimiento del Hijo de Dios", "madurez", "alcanzar la plena estatura"; hablan del desarrollo espiritual del creyente, del suyo y del mío; de proseguir tras el Señor, de tener pasión por ser como él, de alcanzar la "plena estatura de Cristo". ¿Se imagina llegando a un punto en su caminar espiritual en el que haya logrado la plena estatura de Cristo? Esto es algo por lo que vale la pena vivir, algo por lo que vale la pena esforzarse; es a través del proceso de santificación que llegamos a ser espiritualmente formados más como Cristo. Ser formado espiritualmente, o santificado, significa entonces, "no ser más niños, zarandeados por las olas y llevados de aquí para allá por todo viento de enseñanza y por la astucia y los artificios de quienes emplean artimañas engañosas" (v. 14). Si usted se para en donde rompen las olas a la orilla de la playa, notará que hay bastante basura: hojas, ramas y envases vacíos que van y vienen en la orilla. Una ola viene y arrastra todo lo que encuentra repitiendo el proceso una y otra vez. De la misma manera una lancha que no tiene su motor marcha, será arrastrada por el oleaje. Un velero sin timón irá a la deriva en la dirección del viento. En la medida en que somos formados espiritualmente, podemos superar todo esto y llegar a ser más a la imagen y semejanza de Cristo.

Warren sugiere que un estudio de las bienaventuranzas (Mt. 5.1-12), del fruto del Espíritu (Gá. 5.22-23), de 1 Corintios 13, y de 2 de Pedro 1.5-8, nos daría una buena descripción del carácter que Dios desea ver en nosotros.[9]

De modo que esta es la aventura que tenemos por delante. Esperamos que este viaje afecte mucho más que su intelecto; mi oración es que la comprensión del significado de ser formado espiritualmente en Cristo, influya en su corazón y en sus manos. ¿Está listo para iniciar el viaje?

PREGUNTAS DE REPASO

1. ¿Por qué es tan importante en la vida cristiana "comenzar bien"?

2. ¿Cómo describiría usted la formación espiritual? ¿Cuáles son los elementos que considera usted más importantes?

---

[9] Warren, *Una vida con propósito*.

EJERCICIOS

1. Evalúe su pasión por ser formado espiritualmente en una escala del 1 a 5, en donde 5 indica la mayor intensidad. Reflexione respecto de dónde se encuentra espiritualmente. Con toda honestidad, ¿dónde desearía estar en esta escala?

En un diario personal escriba uno o dos párrafos respecto de dónde está usted espiritualmente y dónde desearía estar. Piense en las formas a través de las que podría llegar allí.

2. Lea los siguientes pasajes y anote lo que le enseñan a usted acerca del desarrollar de su carácter para el ministerio.

Mateo 5.1-12
Gálatas 5.23-23
1 Corintios 13
2 Pedro 1.5-8
Efesios 4.13
Romanos 15.5-6
1 Pedro 4.11

CAPÍTULO 2
LAS BASES BÍBLICAS Y TEOLÓGICAS DE LA FORMACIÓN ESPIRITUAL

Introducción

Sería un descuido de nuestra parte hablar de este tema sin antes considerar las bases bíblicas y teológicas de la formación espiritual. Puesto que creemos en la Biblia, nos dirigimos a ella para descubrir lo que necesitamos aprender acerca de la formación espiritual. Desarrollaremos nuestra teología de la formación espiritual después de haber establecido que efectivamente la Biblia nos habla de la formación espiritual.

Las Bases Bíblicas

Romanos 12.2, ya mencionado en el capítulo anterior, constituye un texto clave de aquello que llamaremos la formación espiritual. El versículo dice "sean transformados mediante la renovación de su mente". A través de esta formación, somos espiritualmente transformados, y nuestra actitud hacia Dios es renovada. Gálatas 4.19 dice, "Queridos hijos, por quienes vuelvo a sufrir dolores de parto hasta que Cristo sea formado en ustedes..." Nuestras vidas tienen que reflejar a Cristo. No somos solamente formados y transformados, sino que también conformados a la imagen de Cristo. Romanos 8.29 dice, "ser transformados según la imagen de su Hijo".

Colosenses 2.6-7 dice, "Por eso, de la manera que recibieron a Cristo Jesús como Señor, vivan ahora en él, arraigados y edificados en él, confirmados en la fe como se les enseñó, y llenos de gratitud". Existe una serie de conceptos clave que reflejan esta percepción bíblica de la formación espiritual: viviendo en él, arraigados en él, edificados en él, reforzados en la fe, llenos de gratitud. ¿Expresamos diariamente gratitud a Dios? ¿Están nuestras vidas llenas de agradecimiento? ¿Sentimos que vivimos en él, que estamos arraigados en él? ¿Edificados en él? ¿Fortalecidos en la fe? Si no es así, quizás no hemos iniciado este viaje espiritual, o tal vez nos hemos estancado en el camino.

Salmo 42.1-2 sugiere la pasión que deberíamos sentir en lo más profundo de nuestro ser: "Cual ciervo jadeante en busca del agua, así te busca, oh Dios, todo mi ser. Tengo sed de Dios, del Dios de la vida ¿cuándo podré presentarme ante Dios?" El salmista expresa un deseo profundo de estar en la presencia de Dios. Su alma jadea, su alma está sedienta. La primera pregunta que viene a su mente es "**¿cuándo**?, ¿cuándo podré ir y reunirme con Dios?"

> **"Sean transformados mediante la renovación de su mente".**
> **"Ser transformados según la imagen de su Hijo".**
> **"Arraigados y edificados".**
> **"Viviendo en él, arraigados en él, edificados en él, reforzados en la fe".**
> **"Hasta que Cristo sea formado en ustedes".**

En el libro devocional de Abraham Kuyper, *Near Unto God* [Cerca de Dios], encontramos una hermosa exposición de este Salmo. En la meditación final que hace sobre el Salmo 42, y que bien vale la pena leer, Kuyper escribe, "Lo que surge de este corazón proviene solo del llamado de su instinto espiritual, y de su profunda necesidad de Dios... ¿Qué tan a menudo estamos nosotros realmente sedientos de Dios?"[10]

En su primera carta a los Tesalonicenses, Pablo dice, "Saben también que a cada uno de ustedes los hemos tratado como trata un padre a sus propios hijos. Los hemos animado, consolado y exhortado a llevar una vida digna de Dios, que los llama a su reino y a su gloria" (1 Tesalonicenses 2.11-12). En el proceso de la formación espiritual, somos animados, confortados e instados a "vivir vidas dignas de Dios".

¿Pero dónde comienza este proceso? Salmo 139.13-16 nos da una pista. El pasaje dice,

Tú creaste mis entrañas: me formaste en el vientre de mi madre. ¡Te alabo porque soy una creación admirable! ¡Tus obras son maravillosas, y esto lo sé muy bien! Mis huesos no te fueron desconocidos cuando en lo más recóndito era yo formado, cuando en lo más profundo de la tierra era yo entretejido. Tus ojos vieron mi cuerpo en gestación: todo estaba ya escrito en tu libro: todos mis días se estaban diseñando, aunque no existía uno solo de ellos.

Esta es la manera en que fuimos creados. "Fuimos hechos en forma admirable y maravillosa" para alabar a nuestro Creador. Sin embargo, tras la entrada del pecado en el mundo esta comunión perfecta con Dios se rompió. Y no solamente se rompió esta comunión, sino que además, como consecuencia del pecado nos adjudicamos la ira de Dios y la muerte. En nuestro estado de

---

[10] Abraham Kuyper, *Near Unto God* [Cerca de Dios] (Grand Rapids: Wm. B. Eerdmans Publishing Co., 1997), pp. 234-235.

pecaminosidad nada hay que podamos hacer para agradar a Dios. Pablo nos da una descripción de cuán lejos estamos de glorificar a Dios. Es una descripción extrema, con la que podemos identificarnos parcial, si no totalmente.

> *No hay nadie que entienda, nadie que busque a Dios. Todos se han descarriado, a una se han corrompido. No hay nadie que haga lo bueno; ¡no hay uno solo! ... No hay temor de Dios delante de sus ojos. (Romanos 3.11-18).*

Consecuentemente, Dios envió a morir a su único hijo para que nosotros podamos nuevamente vivir. Jesús dijo que había venido para darnos vida en abundancia. Pero para esto se requiere nuestra conversión, nuestra regeneración y nuestra santificación. Esto último es el proceso de ser espiritualmente formados en Cristo a través de toda la vida. Tratándose de la formación espiritual, somos aprendices toda la vida. Es así como Anderson y Reese a la formación espiritual la llaman "la educación del corazón".[11]

El Fundamento Teológico

Teológicamente, tratamos la formación espiritual en el contexto de la pneumatología, o doctrina del Espíritu Santo. La formación espiritual en nuestras vidas no puede ocurrir sin el quehacer del Espíritu Santo. Esta formación no sería espiritual si la tercera persona de la Trinidad quedara fuera de esta ecuación. ¿De qué manera se manifiesta el Espíritu Santo en este proceso?

---

[11] K. Anderson y R. Reese, *Spiritual Mentoring: A Guide for Seeking and Giving Direction* [La mentoría espiritual: Una guía para buscar y dar dirección] (Downers Grove: InterVarsity Press, 1999).

Lightner dice, "La formación espiritual describe el trabajo permanente del Espíritu Santo en la vida del creyente transformando al hijo de Dios más y más a la imagen de Cristo" (2 Corintios 3.18).[12] Leavenworth cita a Elwell, quien enumera 25 formas a través de las que el Espíritu Santo ministra en la vida del creyente.[13]

1. Apoya en la adoración—Filipenses 3.3
2. Asegura la salvación—Romanos 8.16
3. Bautiza en el cuerpo de Cristo— 1 Corintios 12.13
4. Es una bendición para los creyentes—Gálatas 6.8
5. Anima a hacer la voluntad de Dios—Hechos 20.22
6. Controla la mente—Romanos 8.5
7. Habita en el creyente—1 Corintios 3.16
8. Da poder—Hechos 1.8
9. Equipa para servir—1 Corintios 12.7
10. Tiene comunión con los creyentes—Filipenses 2.1
11. Lucha contra la naturaleza pecaminosa—Gálatas 5.17
12. Satisface a los creyentes—Efesios 5.18
13. Libera a los creyentes—Romanos 8.2
14. Es un regalo para los creyentes—1 Juan 4.13
15. Da acceso al Padre—Efesios 2.18
16. Glorifica a Cristo en el creyente—Juan 16.13-14
17. Garantiza bendiciones futuras para el creyente— 2 Corintios 5.5

---

[12] K. Gangel y J. Wilhoit, *The Christian Educator's Handbook on Spiritual Formation* [El manual de formación espiritual para educadores cristianos] (Grand Rapids, Baker Book House, 1994).

[13] W. Elwell, ed., *Topical Analysis of the Bible* [Análisis temático de la Biblia] (Grand Rapids: Baker Book House, 1991).

18. Guía a los creyentes—Gálatas 5.18, 25
19. Ayuda a los creyentes—Filipenses 1.19
20. Ora por y con los creyentes—Romanos 8.26-27
21. Regenera a los creyentes—Tito 3.5
22. Sella a los creyentes—Efesios 1.13
23. Habla a través de los creyentes—Marcos 13.11
24. Enseña a los creyentes—Juan 14.26
25. Transforma a los creyentes—2 Corintios 3.18

A partir de estos pasajes vemos claramente que el creyente no puede alcanzar la formación espiritual por sí mismo. Depende completamente de la obra del Espíritu Santo en su vida. Sin embargo, paradójicamente el trabajo del Espíritu Santo solo es posible en tanto cooperamos con Dios caminando "en la luz, así como él está en la luz" (1 Juan 1.7); poniendo nuestro corazón "en las cosas de arriba" (Colosenses 3.1); alejándonos de las obras de la carne (Colosenses 3.8); y colocando nuestro corazón en la "compasión, gentileza, humildad, bondad y paciencia" (Colosenses 3.12). El ejercicio de la disciplina espiritual es "el esfuerzo por crear en mi vida un espacio en el que Dios pueda actuar. Ser disciplinado supone evitar intencionalmente que se llene cada área de mi vida. La vigilancia diligente defiende mi alma de los intrusos que alejan a Dios".[14]

En segundo lugar, la formación espiritual requiere el abandono de la vieja naturaleza de modo que vivamos para Cristo. En Gálatas 2.20 Pablo escribe, "He sido crucificado con Cristo, y ya

---

[14] F. Anderson, *Running on Empty: Contemplative Spirituality for Overachievers* [Andando con el estanque vacío; La espiritualidad contemplativa para los que se esfuerzan demasiado] (Colorado Springs: WaterBrook Press, 2004), p. 87.

no vivo yo sino que Cristo vive en mí". Morimos para ser nuevas criaturas en Cristo. En Romanos 6.2 Pablo pregunta, "Nosotros que hemos muerto al pecado ¿cómo podemos seguir viviendo en él?" Jesús es nuestro ejemplo. "En cuanto a su muerte, murió al pecado una vez para siempre; en cuanto a su vida, vive para Dios. De la misma manera, también ustedes considérense muertos al pecado, pero vivos para Dios en Cristo Jesús" (vv. 10-11). En otras palabras, aquellos que hemos sido regenerados, tenemos que morir para tener vida en Jesús. Ser continuamente formados es algo que hacemos diariamente por medio de la fe. Pablo habló de esto en más de una ocasión. En una forma más o menos similar se dirige a los Colosenses diciendo, "pues ustedes han muerto y su vida está escondida con Cristo en Dios" (Colosenses 3.3). En Efesios 4.22-24, Pablo les recuerda a los creyentes "Con respecto a la vida que antes llevaban, se les enseñó que debían quitarse el ropaje de la vieja naturaleza la cual está corrompida por los deseos engañosos; ser renovados en la actitud de su mente; y ponerse el ropaje de la nueva naturaleza, creada a imagen de Dios, en verdadera justicia y santidad". Loyola escribe, "No se permitan desear ni buscar nada que no sea la alabanza y la gloria de Dios nuestro Señor como razón de todo lo que se hace. Puesto que todos deben tener presente que en lo que concierne a la vida espiritual, el progreso será proporcional a la entrega de sí mismo, y de la voluntad e intereses propios".[15]

El propósito de morir a sí mismo es vivir para Dios. "He sido crucificado con Cristo, y ya no vivo yo sino que Cristo vive en

---

[15] S. Merriam, "Taking Stock", *New Directions for Adult and Continuing Education* 57 [Nuevas iniciativas para educación de adultos y educación continua] (Spring, 1993): pp. 78, 105-110.

mí. Lo que ahora vivo en el cuerpo, lo vivo por la fe en el Hijo de Dios, quien me amó y dio su vida por mí" (Gálatas 2.20). Una antigua enseñanza de la confesión de la iglesia, el *Catecismo de Heidelberg,* nos ayuda a entender esta verdad bíblica. El catecismo está dividido en tres partes y se expone en forma sencilla en términos de 1) pecado 2) salvación y 3) servicio. Como cristianos que somos, reconocemos la pecaminosidad de nuestros corazones y la necesidad de salvación. Encontramos la salvación solamente en Cristo, el único nombre dado a los hombres en el que podemos ser salvos (Hechos 4.12; 1 Timoteo 2.5). Pero esto no termina ahí. Cristo no vino a morir únicamente para salvarnos, sino además para que tengamos una vida que glorifique a Dios. Esta es la parte de servicio a la que se refiere el catecismo, la cual también tiene su base en la Biblia. En la pregunta y respuesta 86, correspondiente al Día del Señor 32, leemos:

> *Pregunta 86: Si somos librados por Cristo de todos nuestros pecados y miserias sin merecimiento alguno de nuestra parte, sino sólo por la misericordia de Dios ¿Por qué hemos de hacer buenas obras?*
>
> *Respuesta: Porque después de que Cristo nos ha redimido con su sangre, nos renueva también con su Espíritu Santo a su imagen; a fin de que en toda nuestra vida nos mostremos agradecidos a Dios por tantos beneficios y que Él sea glorificado por nosotros. Además de esto para que cada uno de nosotros sea asegurado de su fe por los frutos. Y finalmente para que, también por la piedad e integridad de nuestra vida, ganemos a nuestro prójimo para Cristo. (Brink, 1987).*

En el Día del Señor 33, pregunta y respuesta 91, el Catecismo continúa preguntando:

Pregunta 91. ¿Qué son buenas obras?

Respuesta: Únicamente aquellas que se realizan con fe verdadera conforme a la ley de Dios, y se aplican solamente a su gloria; y no aquellas que están fundadas en nuestras buenas intenciones o sobre instituciones humanas.

Como redimidos en Cristo, somos llamados a vivir en servicio y gratitud a Él. En Romanos 12.1 Pablo dice, "Por lo tanto, hermanos, tomando en cuenta la misericordia de Dios, les ruego que cada uno de ustedes, en adoración espiritual, ofrezca su cuerpo como sacrificio vivo, santo y agradable a Dios". Otra versión dice, "que es vuestro culto racional". Lo cual representa el morir a sí mismo y vivir para Cristo, es decir, para servirle en cada aspecto de la vida.

En la misma línea, un antiguo místico español del siglo 16 escribe acerca de la actitud que se requiere del cristiano para ser formado espiritualmente: "Lo primero es conocer la grandeza de Dios..., lo segundo es conocerse a sí mismo, y reconocer con humildad el hecho de que el alma, tan vil al compararla con Aquel que creó tanta grandeza, ha sido capaz de ofender a Dios, y aun así, se atreve a alzar los ojos hacia Él".[16]

En tercer lugar, la formación espiritual es un proceso de toda la vida; es decir, progresivo. Lightner indica que la formación espiritual es progresiva y no se completa hasta que muramos o hasta que Cristo venga nuevamente (1 Juan 3.1-2; 1ª Tesalonicenses 3.12-13). "Crecer en la gracia toma tiempo. El madurar en las cosas de Dios no sucede de un día para otro. Uno no se

---

[16] T. O. Ávila, *The Interior Castle* [Las moradas del castillo interior], (Madrid: Editam Libros, New York: Doubleday/Image, 1989), p. 197.

vuelve santo en un abrir y cerrar de ojos. Cuando nace un bebé, una nueva vida entra al mundo. A medida que el bebé recibe cuidados se verifica un desarrollo hacia la niñez y posteriormente hacia la adultez. La salvación corresponde al nacer; la formación espiritual al crecer".[17] Incluso la Biblia dice "crecer en la gracia" (2 Pedro 3.18). Mulholland advierte: "¡La formación espiritual no es una opción! La conclusión ineludible es que la vida en sí constituye un proceso de desarrollo espiritual. Las únicas opciones que tenemos son que este crecimiento nos lleve a la santidad en Cristo o a una forma de ser crecientemente deshumanizada y destructiva".[18] Más elocuentes son las palabras de Mulholland, cuando dice: "Cada pensamiento que tenemos, cada decisión que tomamos, cada acción que realizamos, cada emoción que nos permitimos como parte de nuestro comportamiento, cada respuesta que damos al mundo que nos rodea, cada relación que tenemos, cada reacción que tenemos con las cosas que nos rodean y con las cuales interactuamos, poco a poco, van de alguna manera conformando lo que somos. Estamos siendo formados a la plenitud de la imagen de Cristo o una caricatura tremendamente destructiva de esta imagen..."[19] Pablo escribe en Filipenses, "No es que ya lo haya conseguido todo, o que ya sea perfecto. Sin embargo, sigo adelante esperando alcanzar aquello para lo cual Cristo Jesús me alcanzó. Hermanos, no pienso que yo mismo lo haya logrado ya. Más bien, una cosa hago: olvidando lo que queda atrás y esforzándome por alcanzar lo que está delante, sigo avanzando hacia

---

[17] Gangel y Wilhoit 1994, p. 42.
[18] M. R. Mulholland, *Invitation to a Journey: A Road Map for Spiritual Formation* [Invitación a un viaje: Un mapa para la formación espiritual] (Downers Grove: InterVarsity Press, 1993), p. 24.
[19] Mulholland, *Invitation*, p. 23

la meta para ganar el premio que Dios ofrece mediante su llamamiento celestial en Cristo Jesús". (Filipenses 3.12-14). En su libro *La verdadera espiritualidad*, Francis Schaeffer dice: "Lo más importante después de haber nacido espiritualmente, es vivir. Desde el momento en que nacemos y mientras dura la vida presente, hasta que Jesús venga o muramos, la tarea de la santificación es vivir".[20]

En cuarto lugar, la formación espiritual considera a Dios obrando en toda la vida. Toda la vida queda bajo la soberana voluntad de Dios. Para los reformados, esto se refiere a la "cosmovisión cristiana", en la que nuestra fe actúa sobre cada aspecto de la vida. Ryken escribe, "podemos comenzar con actitudes hacia el trabajo, el cual los puritanos consideraban no solo aquello que les servía para ganarse la vida, sino también tareas diarias tales como, lavar los platos o cortar el césped. La doctrina puritana de la vocación o llamado, sostiene que Dios llama a las personas a realizar sus tareas y que el desempeño de estas tareas constituye la mayordomía frente a Dios. El puritano Richard Steele acertó plenamente al escribir, 'Dios llamó a cada hombre y a cada mujer ... para servirle en empleos peculiares [particulares] en este mundo, tanto para sí como para el bien común' ... El ideal puritano era que cada persona supiera que 'tanto su tienda como su capilla eran tierra santa'".[21] Una percepción similar de la espiritualidad, o vida espiritual, tenía Teresa de Ávila, una de las españolas místicas del siglo 16, quien junto al hermano Lawrence, decía

---

[20] Francis Schaeffer, *La verdadera espiritualidad* (Barcelona: CLIE, 1971), p. 5.
[21] K. Gangel y J. Wilhoit, *The Christian Educator's Handbook on Spiritual Formation* [El manual de formación espiritual para educadores cristianos] (Grand Rapids: Baker Book House, 1994), pp. 50-51.

algo así como "Dios está presente en las ollas y en los sartenes". Al hacer eco de este sentir, Ryken escribe, "La espiritualidad... no tiene tanto que ver con la búsqueda que el alma hace de Dios, como con la percepción, o reconocimiento de la presencia de Dios en la vida completa".[22]

En quinto lugar, la formación espiritual se relaciona con dar la gloria a Dios. La primera pregunta del Catecismo Menor de Westminster, dice "¿Cuál es el fin principal del hombre?" La respuesta es, "Glorificar a Dios y gozar de Él para siempre". Piper escribe, "La meta bíblica de la vida es la gloria de Dios: 'de manera que lo que comes o bebes o lo que sea que hagas, hazlo para la gloria de Dios' (1 Corintios 10.31)".[23] A medida que crecemos en la gracia y somos espiritualmente formados por Dios, Dios es honrado y glorificado. La meta de nuestra formación espiritual debería ser ver a Dios glorificado. Pablo dice "Porque somos hechura de Dios, creados en Cristo Jesús para buenas obras" (Efesios 2.10). Respecto de estas buenas obras Jesús dice, "Hagan brillar su luz delante de todos, para que ellos puedan ver las buenas obras de ustedes y alaben al Padre que está en el cielo" (Mateo 5.16). En Juan 15.8 dice a sus seguidores, "Mi Padre es glorificado cuando ustedes dan mucho fruto y muestran así que son mis discípulos". La forma en que vivimos ha de generar entonces, honor y gloria a Dios. Pablo exhorta a los corintios, "ustedes no son sus propios dueños; fueron comprados por un precio. Por tanto, honren con su cuerpo a Dios" (1 Corintios 6.19b-20). El concepto de que nuestra manera de vivir da gloria a Dios es confirmado en 2 Tesalonicenses 1.11-12, donde dice que nuestras acciones glorifican a Cristo. Este tipo de vida puede ocurrir solamente cuando nuestro

---

[22] Gangel y Wilhoit, p. 53.
[23] Gangel y Wilhoit, p. 74

ser ha sido restaurado a una correcta relación con Dios a través de Cristo. La formación espiritual puede ocurrir solo como consecuencia de haber sido reconciliados con Dios. La imagen de Dios en nosotros, distorsionada por el pecado, ha sido restaurada por la muerte y resurrección de Cristo. Por lo tanto, la formación espiritual es obra del Dios Trino: el Padre, el Hijo y el Espíritu Santo. Dios el Padre nos ha amado de tal manera que envió a su Hijo. Este Hijo nos ha dejado al Espíritu Santo, el Paracleto, el cual aboga por nosotros y vive en nosotros, de manera que podamos ser moldeados a la semejanza de Cristo.

RESUMEN

El marco teológico de la formación espiritual se divide entonces en cinco secciones.

1) Vemos esto como obra del Espíritu Santo en la vida del creyente. No es algo que podemos hacer por nosotros mismos. Somos incapaces tanto de llegar a Cristo como de vivir la vida cristiana sin la presencia continua del Espíritu de Dios. Sin el Espíritu no existe formación espiritual.

2) La formación espiritual supone la muerte del yo para ser formados de nuevo.

3) La formación espiritual, algo a lo que muchas veces llamamos santificación, es un proceso de toda la vida. Estamos siendo continuamente formados a la imagen de Cristo. ¡Meta a la que aún no hemos llegado!

4) La formación espiritual sobreentiende que Dios está trabajando en nosotros. Recordamos el refrán que dice, "Por favor sea paciente conmigo; Dios no ha terminado su trabajo en mí todavía".

5) La formación espiritual glorifica al Dios Trino. En todo lo que somos y en todo lo que hacemos estamos siendo formados espiritualmente; Dios es glorificado a medida que su imagen se restaura en nosotros.

Que el nombre de Dios sea glorificado a medida que recorremos la senda de la formación espiritual.

PREGUNTAS DE REPASO

1. ¿Cuáles son los cinco puntos de nuestro marco teológico de la formación espiritual?

2. ¿Qué sensaciones le provoca lo relativo a la formación espiritual? ¿Le da tranquilidad? ¿Sí, no? ¿Por qué?

3. Evalúe hasta qué punto usted ha "muerto a sí mismo". ¿Qué cambios han ocurrido en su vida desde que es cristiano? ¿Qué áreas de su vida necesitan aún morir? ¿En qué áreas ha "llegado a tener vida"?

4. ¿En dónde se ve usted en este camino de transformación? ¿Recién comenzando? ¿Por la mitad? ¿Ya llegando?

EJERCICIOS

1. En su diario personal ocupe un poco de tiempo reflexionando acerca de los fundamentos bíblicos y teológicos de la formación espiritual.

Anote algunas reflexiones sobre los siguientes pasajes:

2 Corintios 3.18
Gálatas 2.20

Efesios 4.22-32
Juan 15.1-8
Romanos 6.14

2. ¿De qué manera podría usted enseñar acerca de la formación espiritual en la iglesia? ¿Cuáles son los posibles contextos en los que podría enseñar acerca de la formación espiritual? Escriba acerca de esto en su diario personal: "Yo podría enseñar acerca de la formación espiritual en mi iglesia a través de ______
____."

CAPÍTULO 3
UNA INTRODUCCIÓN A LAS DISCIPLINAS ESPIRITUALES

Jesús y las Disciplinas Espirituales

Las disciplinas espirituales constituyen la base de la formación espiritual. Dallas Willard las llama "El camino de Jesús…, quien lo caminó antes y lo hace ahora delante de nosotros invitándonos a seguirle en este caminar que nos lleva a la eternidad".[24] Las disciplinas son "las diferentes actividades que se practican, a fin de que todo lo que hagamos gire en torno a la forma en que Él vivió para poder mantener una relación constante con el Padre". [25]

Cuando pensamos en Jesús, pensamos en una vida en relación con su Padre celestial. La Biblia nos presenta varios ejemplos de las actividades que Jesús realizaba y que más tarde fueron denominadas disciplinas espirituales.

La Oración

Jesús tenía tiempos devocionales por las mañanas. "Muy de madrugada, cuando todavía estaba oscuro, Jesús se levantó, salió de la casa y se fue a un lugar solitario, donde se puso a orar" (Marcos 1.35). Jesús oraba al atardecer. "Cuando se despidió, fue a la montaña para orar" (Marcos 6.46). Jesús buscaba orar a solas después de haber estado con la multitud. "Él por su parte, solía retirarse a lugares solitarios para orar" (Lucas 5.16). También sa-

---

[24] Dallas Willard, *The Spirit of the Disciplines: Understanding How God Changes Lives* [El espíritu de las disciplinas: Entienda cómo Dios cambia las vidas], (New York: Harper & Row, 1988), prefacio.
[25] Willard, p. ix.

bemos que Jesús pasó toda la noche orando. "Por aquel tiempo se fue Jesús a la montaña a orar, y pasó toda la noche en oración a Dios" (Lucas 6.12). Jesús hizo una oración judía conmemorativa. "Mientras comían, Jesús tomó pan y lo bendijo" (Mateo 26.26). También nos enseñó cómo orar. "Pero tú, cuando te pongas a orar, entra en tu cuarto, cierra la puerta y ora a tu Padre, que está en lo secreto. Así tu Padre, que ve lo que se hace en secreto, te recompensará" (Mateo 6.6). También dijo a sus discípulos como *no* debían orar. "Y al orar, no hablen sólo por hablar como hacen los gentiles..." (Mateo 6.7). Incluso Jesús enseñó una oración a sus discípulos, una oración que sirve como modelo y que ahora conocemos como el *Padre Nuestro* (Mateo 6.9-13). En Juan 17 tenemos lo que ahora conocemos como la *Oración Pastoral*. Durante su crucifixión, incluso mientras estaba muriendo, Juan nos dice, "... dirigió la mirada al cielo y oró" (Juan 17.1). Es así como los evangelios están iluminados por oraciones de Jesús y relatos acerca de cuando Jesús oraba.

El Tiempo a Solas

Según el relato de Mateo, cuando Jesús se enteró que habían decapitado a Juan, "se retiró él solo en una barca a un lugar solitario" (Mateo 14.13). Jesús tenía por costumbre alejarse para orar y estar a solas con Dios. "Muy de madrugada, cuando todavía estaba oscuro, Jesús se levantó, salió de la casa y se fue a un lugar solitario, donde se puso a orar" (Mateo 1.35). Lucas dice que Jesús hacía esto a menudo. Escribe, "Él, por su parte, solía retirarse a lugares solitarios para orar" (Lucas 5.16). A punto de enfrentar la muerte, leemos, "Yendo un poco más allá, se postró sobre su rostro y oró" (Mateo 26.39).

La Meditación en la Palabra de Dios

Indirectamente la Biblia nos muestra que Jesús meditaba en la Palabra de Dios. Puesto que la citaba a menudo obviamente tenía que conocerla bien. Al ser tentado por el diablo su respuesta fue, "Escrito está: 'no sólo de pan vive el hombre, sino de toda palabra que sale de la boca de Dios'" (Mateo 4.4). En la segunda ocasión respondió, "También está escrito: 'No pongas a prueba al Señor tu Dios'" (Mateo 4.7). La tercera vez que Jesús responde lo hace diciendo, "Porque escrito está: '"Adora al Señor tu Dios y sírvele solamente a él'" (Mateo 4.10). "'Mi casa será llamada casa de oración' pero ustedes la están convirtiendo en 'cueva de ladrones'" (Mateo 21.13). Cuando Jesús estaba a punto de ser traicionado, señaló a sus discípulos que según la Palabra de Dios, ellos le abandonarían a su suerte. "Esta misma noche ustedes me abandonarán, porque está escrito: 'Heriré al pastor, y se dispersarán las ovejas del rebaño'" (Mateo 26.31). Luego dijo, "está escrito: 'y fue contado entre los transgresores'. En efecto, lo que se ha escrito de mí se está cumpliendo" (Lucas 22.37). Jesús cita las Escrituras a los fariseos. "En la ley de ustedes está escrito que el testimonio de dos personas es válido. Uno de mis testigos soy yo mismo, y el Padre que me envió también da testimonio de mí" (Juan 8.17-18). Solamente aquel que ha meditado en la Palabra puede citarla en la forma en que Jesús lo hizo.

El Ayuno

La Biblia también nos muestra a Jesús ayunando. En Mateo 4 se encuentra el relato de la tentación de Jesús en el desierto. Comienza diciendo, "Después de ayunar cuarenta días y cuarenta noches, tuvo hambre" (Mateo 4.2). Después de haber mostrado a sus discípulos cómo orar, prosigue con el ayuno. "Cuando ayunen no pongan cara triste como hacen los hipócritas, que demudan sus rostros para mostrar que están ayunando... Pero tú, cuando ayunes, perfúmate la cabeza y lávate la cara para que no sea evidente ante los demás que estás ayunando, sino sólo ante tu Padre, que está en lo secreto; y tu Padre, que ve lo que se hace en secreto, te recompensará" (Mateo 6.16-18). El ayuno fue una práctica normal en la vida de Jesús y una disciplina que enseñó a sus discípulos.

La Sumisión

La sumisión es algo que algunos han considerado una disciplina espiritual. Puede ser debido a que es a través de un acto de sumisión que buscamos la voluntad de Dios y nos negamos a la nuestra. La sumisión a Dios, a su Palabra, y a los demás, nos permite seguir a Dios y no a nosotros mismos. Jesús practicó la sumisión cada día de su vida, sometiéndose a la voluntad de su Padre. Cuando era niño decía, "¿no sabían que tengo que estar en la casa de mi Padre?" (Lucas 2.49). Incluso las palabras que dirigió Jesús a Satanás, "Adora al Señor tu Dios y sírvele solamente a él" (Mateo 4.10), son un reflejo de su actitud de sumisión. La oración que Jesús enseñó a sus discípulos dice, "hágase tu voluntad en la tierra como en el cielo" (Mateo 6.10). Incluso mientras lloraba en Getsemaní, orando por que la copa amarga fuera alejada, Jesús oró, "Padre mío, si no es posible evitar que yo beba este trago amargo, hágase tu voluntad" (Mateo 26.42). Jesús enseña la sumisión incluso ante aquellos que nos hacen mal: "Si alguien te pega en una mejilla, vuélvele también la otra. Si alguien te quita la camisa, no le impidas que se lleve también la capa. Dale a todo el que te pida, y si alguien se lleva lo que es tuyo, no se lo reclames. Traten a los demás tal y como quieren que ellos los traten a ustedes" (Lucas 29-31). Pablo también refleja esta actitud sumisa de Cristo cuando escribe "La actitud de ustedes debe ser como la de Cristo Jesús, quien, siendo por naturaleza Dios, no consideró el ser igual a Dios como algo a qué aferrarse. Por el contrario, se rebajó voluntariamente, tomando la naturaleza de siervo y haciéndose semejante a los seres humanos. Y al manifestarse como hombre, se humilló a sí mismo y se hizo obediente hasta la muerte, ¡y muerte de cruz!" (Filipenses 2.5-8).

Jesús dice a sus seguidores que sólo a través de una vida sumisa podrán alivianar las cargas de la vida. Jesús hizo la voluntad de su Padre. Ahora pide a sus seguidores que se sometan a él. Dice, "Vengan a mí todos ustedes que están cansados y agobiados, y yo les daré descanso. Carguen con mi yugo y aprendan de mí, pues yo soy apacible y humilde de corazón, y encontrarán descanso para su alma. Porque mi yugo es suave y mi carga es liviana" (Mateo 11.28-30). Juan reflexiona sobre esto al escribir acerca de la sumisión a Dios en su primera epístola. Dice "Así, cuando amamos a Dios y cumplimos sus mandamientos, sabemos que amamos a los hijos de Dios" (1 Juan 5.2-3).

La Adoración

La adoración ha sido definida como una disciplina espiritual. Jesús oró y ayunó. Jesús meditó en la Palabra de Dios. Jesús se sometió a la voluntad de su Padre. En todo esto Jesús adoró a Dios. La oración modelo de Jesús constituye una forma de adoración porque reconoce quien es Dios, un Dios santo al que se ha de amar y obedecer. Jesús responde al experto en la ley diciéndole cual era el gran mandamiento: "Ama al Señor tu Dios con todo tu corazón, con todo tu ser y con toda tu mente" (Mateo 22.37). A Jesús lo encontraron asistiendo a la sinagoga siendo aún un adolescente de doce años.

Las Disciplinas Espirituales y Nosotros

Un ejercicio que se olvida

Por un tiempo pareció que, con excepción de la práctica de unos cuantos fieles, ascetas y seguidores místicos de Cristo, las disciplinas espirituales se habían extinguido. Estas disciplinas espirituales que fueron consideradas prácticas normales en la iglesia primitiva, fueron más tarde considerados ejercicios espirituales practicados solo por aquellos que hemos considerado más "santos" que nosotros. Se ha destacado a españoles místicos como Teresa de Ávila, Juan de la Cruz y Luis de León, exaltándolos por amar a Dios con todo su corazón y por llevar vidas de meditación, sumisión y servicio. Podemos pensar en otros cuyos nombres están asociados de una u otra forma con las disciplinas espirituales: Thomas Kempis, Madame Guyon, el hermano Lawrence, Juan Wesley y otros más recientes como Richard Foster y Dallas Willard, por nombrar sólo algunos.

Wesley lamentó la pérdida de la práctica de las disciplinas espirituales. Él escribe, "era un dicho común entre los cristianos de la iglesia primitiva que 'el alma y el cuerpo hacen a un hombre; el espíritu y la disciplina hacen a un cristiano', diciendo con esto que nadie puede ser un verdadero cristiano sin el respaldo de las disciplinas espirituales. Pero si este es el caso, ¿por qué no nos sorprende el hecho de encontrar tan pocos cristianos practicando las disciplinas cristianas?"[26] Ha sido durante los últimos veinte años que el protestantismo evangélico ha estado tomando la práctica de las disciplinas espirituales en una forma más seria. Budd

---

[26] Citado en Willard, *The Spirit of the Disciplines,* pp. 16-17.

señala que "está aumentando el número de cristianos evangélicos que está poniendo más atención a los asuntos del alma... Queremos amar a Dios en forma apasionada, con toda nuestra *mente*, corazón y alma. Queremos que nuestro amor vaya creciendo en una forma más profunda y apasionada a medida que envejecemos. No queremos mirar al pasado con nostalgia recordando la pasión que tuvimos por Cristo cuando recién nos encontramos con él. Al contrario, queremos que sea algo progresivo y de una creciente profundidad. Las disciplinas espirituales nos ayudan en los asuntos del alma".[27] ¿Por qué entonces la renuencia a abrazar estas disciplinas? Puede ser que de algún modo hemos rechazado cualquier cosa que parezca católico romano, aun cuando se trate de algo bueno. Puede que la explicación esté en el hecho de que muchos de nosotros provenimos de denominaciones que ponen un gran énfasis en la doctrina correcta (ortodoxia) por sobre la práctica correcta (ortopraxis). Lo relacionado con el corazón y los sentimientos nos resulta inquietante, en tanto nos sentimos más cómodos con lo relacionado con la mente y la interpretación de las Escrituras. No obstante, Benner afirma, "El cristiano místico ofrece una rica cantidad de recursos para aquellos que buscan profundizar su vida de oración e intimidad con Dios. Irónicamente, los que rechazan esto son los que más lo necesitan, especialmente los que tienen el trasfondo y personalidad que les predispone a poner el énfasis en lo intelectual en su vida y en su fe".[28] A medida que profundizamos en nuestra formación espiritual, nos damos cuenta de la importancia de la oración, especialmente aquella que pasa del cerebro al corazón.

---

[27] L. Budd, *Journal Writing: Writing for Spiritual Growth* [Cómo mantener un diario: Escriba para crecer espiritualmente] (Downers Grove: InterVarsity Press, 2002), p. 20.
[28] Benner, p. 30.

Una vida en transformación

Willard explica que fue la práctica de estas disciplinas, es decir, de una vida de verdadera espiritualidad, lo que hizo que los primeros cristianos fueran sal y luz en medio del mundo en que vivían. "Estas disciplinas pueden por sí solas llegar a ser para el cristiano común y corriente 'las condiciones por las cuales su vida espiritual se torne indudablemente real'. Si este tema se aborda realmente con la seriedad e importancia que merece, los efectos prácticos serán sorprendentes. Esto producirá una revolución en nuestra vida personal y en el mundo que nos rodea".[29] ¡Imagínese un mundo de cristianos entusiasmados y apasionados, cuyo amor por el mundo es superado sólo por su amor a Dios! Tanto para Willard como para los demás, las disciplinas espirituales nos permiten ser todo lo que Dios desea que seamos, dando sabor a un mundo insípido y luz a un mundo oscurecido.

Estas disciplinas son para todos

Estas disciplinas no son sólo para unos cuantos elegidos; están pensadas para todos los cristianos. Constituyen la identidad de un cristiano. Reflejan la profunda espiritualidad de nuestra fe. Para aquellos que buscan la transformación espiritual, las disciplinas juegan un papel importante en este proceso. "Existe una forma de transformación espiritual al alcance de todas las personas y que realmente funciona en el mundo en que vivimos".[30] Al igual que Willard, Foster considera que las disciplinas espirituales están al alcance de "cristianos comunes y corrientes". "Dios quiere que las disciplinas de la vida espiritual sean para seres humanos comunes y corrientes; para aquellos que viven de su trabajo, cuidan niños, lavan los utensilios de comer y cortan el

---

[29] Willard, p. 26.
[30] Willard, prefacio.

césped".[31] En otras palabras, Dios está presente tanto en las cosas rutinarias de la vida como en aquellos momentos de gran visión y éxtasis. Anderson y Reese escriben, "Pongan atención... a lo mundano. Honren la vida diaria. Cuán poca atención prestamos a las huellas del Dios Todopoderoso presentes en el girar del reloj y avanzar del calendario. Cuán poco escuchamos a Dios; no obstante, su voz susurra o grita en el transcurso de lo cotidiano".[32] Más adelante afirman, "¡Dios no está menos presente con nosotros el día lunes de lo que lo está el domingo!"[33]

El propósito de las disciplinas

Sabemos que las disciplinas fueron establecidas para ayudarnos a crecer en nuestra fe, para llevarnos a una espiritualidad más profunda; para trasladarnos de lo terrenal a lo celestial. Aunque vivimos en este mundo, no somos de este mundo. Fuimos hechos para ser ciudadanos de una ciudad celestial, Jerusalén. Las disciplinas nos ayudan a pensar en "las cosas celestiales". Pero, hasta que nos sobrevenga la muerte o Cristo venga, hemos de vivir en este mundo como creyentes con la fe puesta en las "cosas que no se ven". Como escribe Foster, "El propósito de las disciplinas es el desarrollo espiritual".[34] Es una invitación a profundizar nuestra fe entretanto estamos en este mundo. Hay muchos cristianos que viven una fe mediocre, leen la Biblia de vez en cuando, van a la iglesia en ocasiones especiales, y oran cuando están en dificultades. Esta es una fe superficial, no bien arraigada en Cristo. La profundidad de vida es una necesidad de todos los creyentes, es así como Pablo pedía, "Por eso, de la manera que recibieron a Cristo

---

[31] R. Foster, *Alabanza a la disciplina* (Nashville: Editorial Caribe, 1986), p. 1.
[32] Anderson y Reese, p. 39.
[33] Anderson y Reese, p. 43.
[34] Foster, p. 8.

Jesús como Señor, vivan ahora en él, arraigados y edificados en él, confirmados en la fe como se les enseñó, y llenos de gratitud" (Colosenses 2.6-7). Pablo no dijo esto sólo a los colosenses. Esta misma idea la encontramos también en Efesios 3.14-19:

> *Por esta razón me arrodillo delante del Padre, de quien recibe nombre toda familia en el cielo y en la tierra. Le pido que, por medio del Espíritu y con el poder que procede de sus gloriosas riquezas, los fortalezca a ustedes en lo íntimo de su ser, para que por fe Cristo habite en sus corazones. Y pido que, arraigados y cimentados en amor, puedan comprender, junto con todos los santos, cuán ancho y largo, alto y profundo es el amor de Cristo; en fin, que conozcan ese amor que sobrepasa nuestro conocimiento, para que sean llenos de la plenitud de Dios.*

¿Siente usted la fortaleza del Señor en su interior? ¿Siente la fuerza de la presencia de Cristo? ¿Se siente cimentado en amor? ¿Siente Su poder y comprende lo ancho, lo largo, lo alto y lo profundo de Su amor? ¿Ha llegado al punto de su caminar espiritual en que pueda decir que está "lleno de la plenitud de Dios"? Personalmente sé que aún no he llegado a ese punto. A esto es precisamente a lo que el salmista se refiere cuando dice que nuestra alma tiene sed de Dios al igual que el ciervo jadeante busca el agua (Salmo 42.1). El estar arraigados en amor habla de cuán profunda puede ser nuestra espiritualidad, "que pasa de la vida superficial a lo profundo, invitándonos a explorar las cavernas interiores del reino espiritual".[35]

---

[35] Foster, p. 1.

Las disciplinas espirituales requieren trabajo

Willard escribe, "Un jugador de béisbol que espera destacarse en el deporte sin la preparación adecuada, no se expone más al ridículo que los cristianos que esperan actuar como Cristo en los momentos difíciles sin haber hecho los correspondientes ejercicios espirituales".[36] Loyola habla de los "ejercicios espirituales" reconociendo la importancia de ejercitar la fe. Otros los han llamado "hábitos" del corazón. Es así como "la gracia santificadora de Dios utiliza las disciplinas espirituales para facilitar el trabajo del Espíritu en nosotros".[37] Foster explica brevemente esto cuando escribe,

El apóstol Pablo dice, "el que siembra para agradar a su naturaleza pecaminosa, de esa misma naturaleza cosechará destrucción; el que siembra para agradar al Espíritu, del Espíritu cosechará vida eterna (Gálatas 6.8). La analogía de Pablo es ilustrativa. Un granjero por más que lo intente no puede hacer crecer el grano; lo único que puede hacer es ofrecer condiciones apropiadas para el crecimiento del grano. Cultiva la tierra, planta la semilla, riega las plantas, y de ahí en adelante depende de las fuerzas naturales de la tierra, las que hacen su trabajo encargándose de que la semilla crezca. Del mismo modo ocurre con las disciplinas espirituales, son un medio para la cosecha del Espíritu. Las disciplinas son la forma en que Dios nos pone en un buen suelo; nos coloca donde él pueda hacer el trabajo en nosotros y transformarnos. Las disciplinas espirituales por sí mismas no pueden hacer nada; lo único que hacen es ponernos en el

---

[36] Willard, pp. 4-5.
[37] Lightner, citado en Gangel y Wilhoit, p. 43.

lugar en donde puede ocurrir algo. Son los medios de gracia de Dios. La rectitud interna que buscamos no es algo que pueda rociarse sobre nuestras cabezas. Dios ha dispuesto las disciplinas de la vida espiritual, por medio de las cuales nos ponemos en el lugar en el que Él puede bendecirnos.[38]

En la primera epístola a Timoteo, Pablo escribe, "Rechaza las leyendas profanas y otros mitos semejantes. Más bien, ejercítate en la piedad, pues aunque el ejercicio físico trae algún provecho, la piedad es útil para todo, ya que incluye una promesa no sólo para la vida presente sino también para la venidera" (1 Timoteo 4.7-8). Herrington explica, "Las disciplinas espirituales nos ayudan a edificar nuestros músculos espirituales de manera que cuando la vida requiera más de nosotros, podamos responder a la tarea".[39]

Las disciplinas espirituales no son algo mecánico

No practicamos las disciplinas espirituales en una forma mecánica como si el practicarlas fuera en sí mismo efectivo para nuestro desarrollo espiritual. No existe lo que pudiéramos llamar una forma correcta o equivocada de hacerlo. En Hechos 8 encontramos la conversión de Simón el hechicero. Cuando Simón vio que el Espíritu Santo era dado por la imposición de las manos, quiso comprar este don pensando que la mecánica de imponer las manos era lo que hacía descender el Espíritu Santo. Podría ocurrir que pretendiéramos ejercitar las disciplinas en forma rutinaria para causar las maravillas de Dios en nuestras vidas, pero al

---

[38] Foster, p. 7.

[39] J. Herrington, R. R. Creech, et al., *The Leader's Journey* [El viaje del líder] (San Francisco: Jossey-Bass Publishers, 2003), p. 133.

menos que practiquemos estas disciplinas con un corazón puro, no podemos esperar crecer ni ser transformados. "Conocer la mecánica de las disciplinas no significa que las estemos practicando. Las disciplinas espirituales son una realidad espiritual e interna, y la actitud interna del corazón es por lejos mucho más importante que las mecánicas utilizadas en la práctica de la vida espiritual".[40] De hecho, "En sí mismas no tienen ningún valor. Solo tienen valor como un medio a través del que nos ponemos delante de Dios para que nos dé la libertad que buscamos".[41] Smith nos advierte que las disciplinas espirituales pueden ser practicadas con motivaciones equivocadas y terminar en "un legalismo fatal".[42] Deison concuerda con él diciendo, "Practicar las 'actividades' correctas no nos garantiza el crecimiento en la vida espiritual. Las actividades correctas con una motivación equivocada, pueden darnos la sensación de estar haciendo lo correcto, pero mantenernos en realidad en una cómoda rebelión en contra de Dios".[43] Respecto de la formación espiritual, Dettoni dice, "Dado que no podemos ganar este don hacemos esfuerzos por recibirlo. Aquellos que están verdaderamente comprometidos con la formación espiritual saben bien que la disciplina es el catalítico de la formación espiritual pero no su causa. La formación espiritual viene solo de Dios...".[44]

---

[40] Foster, p. 3.
[41] Foster, p. 110.
[42] Citado en Gangel y Wilhoit, p. 250.
[43] Citado en Gangel y Wilhoit, p. 278.
[44] J. Dettoni, J., *What is Spiritual Formation?* [¿Qué es la formación espiritual?] en Gangel y Wilhoit, pp. 11-20.

RESUMEN

Benner describe la formación espiritual como un trayecto espiritual en el que todos nos embarcamos. "Generalmente se le presenta en términos de llegar a ser como Cristo, adquirir los frutos del Espíritu o llegar a ser santos. La confesión de Fe de Westminster la describe como el llegar a conocer a Dios y gozar de él para siempre. Frecuentemente los cristianos ortodoxos orientales hablan de transitar desde reflejar a Dios a parecerse a él (enfatizando lo que los protestantes occidentales describen como la santificación). Los católicos romanos normalmente hablan de la meta de este trayecto como la unión con Dios. Cada una de estas visiones captura importantes dimensiones interrelacionadas de la formación personal, lo cual constituye parte de ser seguidor de Cristo".[45]

Así, como cristianos que somos, debemos ir tras Cristo para ser conformados a su imagen. Las disciplinas espirituales son un medio y no el fin, son medios para acercarnos más a la presencia de Dios. Querido lector ¿quiere usted estar más cerca de Dios? Si es así, emprenda entonces la práctica de la vida espiritual. Hay muchos que ya han caminado este trayecto y que han sido formados espiritualmente y transformados a través del ejercicio de estas disciplinas. Permita que Dios trabaje en su vida en tanto desarrolla hábitos para toda la vida que le acercarán más al Padre.

---

[38] Benner, p. 32.

PREGUNTAS DE REPASO

1. Las disciplinas espirituales son llamadas también actividades espirituales. ¿Cuáles fueron algunas de estas actividades que Jesús practicó y que podemos practicar también nosotros?

2. ¿Por qué hablamos de las disciplinas espirituales como "prácticas olvidadas"?

3. ¿Por qué es tan importante comprometerse con estas disciplinas?

4. ¿Cuál es la diferencia entre solo "llevar una rutina" y realmente vivir las disciplinas?

5. ¿Por qué es que se dice que las disciplinas espirituales no son "un fin en sí mismas"?

EJERCICIOS

1. En su diario personal, escriba sus experiencias en relación con las disciplinas espirituales. Si no ha tenido ninguna, examine su caminar espiritual. Imagine lo que sería su vida si practicara estas disciplinas.

2. Lea los siguientes pasajes, y anote la disciplina espiritual mencionada en cada uno:

2 Timoteo 3.16-17
Hebreos 4.16
1 Corintios 11.23-26 y Hechos8.36
Hebreos 10.24-25

CAPÍTULO 4
LAS DISCIPLINAS ESPIRITUALES
(PRIMERA PARTE)

Introducción

¿Qué son exactamente las disciplinas espirituales? En el capítulo anterior leímos acerca de Jesús y algunas de sus prácticas espirituales. A estas prácticas las llamamos disciplinas. Una disciplina es algo que practicamos en forma regular. Podríamos también llamarlas "hábitos del alma". Si seguimos el ejemplo de Jesús, prácticas como la oración, la meditación, el ayuno, la sumisión y la adoración, las consideraremos disciplinas espirituales.

Algunos de los que practican estas disciplinas las clasifican en distintas categorías. Foster desarrolló tres categorías de disciplinas: 1) disciplinas interiores, 2) disciplinas exteriores, y 3) disciplinas corporativas.[46] Es difícil mejorar esta clasificación. Para Foster la disciplina interior consiste en la meditación, la oración, el ayuno y el estudio, puesto que son actividades que ocurren dentro del alma. Su lista de disciplinas exteriores son aquellas que son vistas por otros: la sencillez, el retiro, la sumisión y el servicio. Aquellas que se clasifican como corporativas son la confesión, la adoración, el pastoreo, y la celebración, que son disciplinas espirituales que involucran a otros.

---

[46] R. Foster, *Alabanza a la disciplina* (Nashville: Editorial Caribe, 1986).

CLASIFICACIÓN DE LAS DICIPLINAS ESPIRITUALES DE FOSTER		
INTERIOR	**EXTERIOR**	**COLECTIVA**
Meditación	Sencillez	Confesión
Oración	Retiro	Adoración
Ayuno	Sumisión	Pastoreo
Estudio	Servicio	Celebración

Además de las mencionadas por Foster, Mulholland menciona otra disciplina espiritual: la lectura espiritual, o *lectio divina*.[47] Otros autores añaden también el silencio y la contemplación (como algo distinto a la meditación), e incluso el hábito de escribir un diario personal. Muchas de estas disciplinas son bastante parecidas, y del tipo internas. En este libro vamos a analizar las siguientes disciplinas: la lectura bíblica, la meditación, la oración, el ayuno, el escribir, el retiro, el silencio y la adoración. En este capítulo veremos la lectura de la Biblia, la meditación, la oración y el ayuno. En el capítulo siguiente aprenderemos acerca del diario personal, el retiro, el silencio y la adoración.

La lectura bíblica y la meditación

Es prácticamente imposible hablar de la lectura bíblica sin incluir también la meditación. Van ambas de la mano. Es como la sal y la pimienta, la izquierda y la derecha. Se puede leer la Biblia sin hacer una meditación, pero la meditación otorga profundidad a la lectura bíblica. Se puede también meditar sin leer la Biblia, pero la meditación tiene más significado cuando se comienza a reflexionar sobre la Palabra de Dios. Con la lectura de la Biblia podemos

---

[47] Mulholland, *Invitation*.

incluir también la memorización de los versículos, de manera que comencemos realmente a asimilar la Palabra de Dios en nuestros corazones y en nuestro ser.

La película "Fahrenheit 451" (de la década de 1960) empieza mostrando a unos bomberos mientras son obligados a quemar todo libro que encuentren. La película se basa en el libro del mismo nombre, escrito por Ray Bradbury en el año 1951. En una sociedad donde se intentaba eliminar todo tipo de pensamiento independiente, los libros eran considerados material de contrabando y debían ser destruidos. Los bomberos, cuya misión normalmente es apagar el fuego, en este caso tenían la tarea de iniciar el fuego tirando los libros en una pila para luego quemarlos. Los amantes de los libros comenzaron a memorizar los libros palabra por palabra. Cada persona se comprometía a memorizar un libro, y a traspasar este libro a otra persona antes de morir, quien también se comprometía a memorizar el libro. De esta forma, quienes atesoraban los libros esperaban mantener viva la civilización.

Recientemente he oído acerca de cristianos en China que han tenido que memorizar libros completos de la Biblia para poder mantener viva la Palabra en medio de la persecución y carencia de Biblias. A las personas se les llega a conocer como Juan, Malaquías, Timoteo o Hechos, según el libro que hayan memorizado. Éstos a su vez enseñan Juan y Malaquías a otros, para que la Palabra continúe siendo conocida una vez que ellos se hayan ido.

La Biblia habla de memorizar la Palabra. "En mi corazón atesoro tus dichos para no pecar contra ti" (Salmo 119.11). La versión 1960 dice "En mi corazón he guardado tus dichos..." La Biblia habla también acerca de meditar en la Palabra de Dios. El diccionario Webster define meditar como "reflexionar o contemplar". El salmista nos llama a esta tarea. El Salmo 119.15 dice, "En tus preceptos medito, y pongo mis ojos en tus sendas". El versículo 97 dice, "¡Cuánto amo yo tu ley! Todo el día medito en ella". El versículo 99, "Tengo más entendimiento que los ancianos porque obedezco tus preceptos". El versículo 148 dice, "En toda la noche no pego los ojos para meditar en tu promesa". En el salmo 48.9, el salmista escribe, "Dentro de tu templo, oh Dios, meditamos en tu gran amor". El Salmo 77.12 dice, "Meditaré en todas tus proezas; evocaré tus obras poderosas". La palabra en que meditamos "es una lámpara a mis pies; es una luz en mi sendero" (Salmo 119.105). En 2 Timoteo 3.16-17 Pablo dice "Toda la Escritura, es inspirada por Dios y útil para enseñar, para reprender, para corregir y para instruir en la justicia, *a fin de que el siervo de Dios esté enteramente preparado para toda buena obra*".

De acuerdo con Herrington, Creech y Taylor,[48] la meditación "es una forma de escuchar a Dios. Normalmente supone mantener la atención en una sola palabra, idea, o pasaje de la Escritura. Cuando meditamos, tratamos de escuchar la voz de Dios y experimentar su presencia".[49] La meditación generalmente incluye las Escrituras porque es allí donde podemos ver "las poderosas obras" de Dios, sus "preceptos", sus "estatutos", y sus "promesas". El Salmo 119.9 nos hace una pregunta y nos ofrece una res-

---

[48] J. Herrington, *The Leader's Journey*.
[49] J. Herrington, *The Leader's Journey*, p. 64.

puesta, "¿Cómo puede el joven llevar una vida íntegra? Viviendo conforme a tu palabra". La lectura de la Palabra de Dios y su aplicación son vitales en la formación del creyente. *Meditatio*, que es el origen de la palabra meditación, significa memorizar o repetir.

En su estudio acerca de la espiritualidad reformada, Rice cita a Baxter, quien fuera un líder post-puritano, y al igual que muchos otros reformadores, vio un gran valor en la meditación. "La solución que él encontró al problema de la inquietud en cuanto a la identidad y seguridad de la salvación, tenía relación con la meditación. Baxter estaba profundamente interesado en el asunto de la oración y meditación y usaba el método benedictino de la *lectio divina*, como un método reformado de reflexión y meditación en la Escrituras".[50] También el calvinista Charles Hodge encontró gran valor en la meditación. En su libro *The Way of Life* [El estilo de vida] explica su posición al respecto.

Madame Guyon [51] escribió acerca de cómo meditar en la Palabra de Dios. Su preocupación era que muchos estaban más interesados en el *volumen* que en el *contenido*. En otras palabras, algunas personas en su época, como ocurre también en la nuestra, buscaban leer la Biblia en forma rápida, como si hubiera en ello algún mérito. Ella advierte, "Aquellos que leen rápido no obtienen mayor provecho del que obtiene una abeja que, en lugar de

---

[50] H. Rice, *Reformed Spirituality* [La espiritualidad reformada] (Louisville: Westminster/John Knox, 1991). Vea también Clifford Bajema, *At One with Jesus: Rediscovering the Secret of Lectio Divina* [Unido con Jesús: El redescubrimiento del secreto de la lectio divina] (Grand Rapids: CRC Publications, 1998), p. 15.

[51] Madame Guyon, *Experiencing God Through Prayer* [Experimentando a Dios a través de la oración] (Whitaker House, 1984). www.newadvent.org/cathen/07092b.htm

entrar a extraer el polen, toca solo superficialmente una flor".[52] Necesitamos pasar tiempo en la Palabra, necesitamos *meditar* en la Palabra, como una vaca que rumia su alimento o un hombre que mastica veinte veces el bocado de carne antes de tragarlo. ¿Cómo podemos meditar? Podemos meditar leyendo la Biblia. Podemos meditar orando. Podemos meditar apartándonos a un retiro para estar en silencio. Podemos leer las Escrituras y meditar siguiendo un método disciplinado. Este método ha sido llamado lectura espiritual o *lectio divina*. Escuchemos una explicación de esta antigua disciplina espiritual:

Desde los comienzos de la práctica monástica, remontándonos al siglo cuatro, se hace evidente que una forma de lectura llamada lectio divina, *("lectura divina" o "lectura "espiritual"), era esencial para cualquier vida de meditación espiritual. Este tipo de lectura difiere completamente del dar una hojeada a un texto buscando datos interesantes, o simplemente buscar el momento más emocionante de la historia. Consiste más bien en un enfoque de meditación, en el que el lector busca saborear y degustar la belleza y verdad de cada frase y pasaje. El proceso de lectura contemplativa tiene el efecto de provocar en el lector el sentimiento de compunción frente a conductas pasadas que hayan sido menos que correctas y veraces. De la misma forma, acrecienta el deseo de procurar un reino en el que podamos hallar lo hermoso y puro. Existen cuatro pasos en la* lectio divina: *primero leer, luego meditar, después descansar sintiendo la cercanía de Dios y finalmente, tomar acciones a la luz*

---

[52] Madame Guyon, pp. 17-18.

de la nueva percepción. Este tipo de lectura constituye una forma de oración. Y, por supuesto, es en la oración en donde Dios nos manifiesta Su presencia.[53]

Jones confirma, "Aquellos que vivían en el desierto muchas veces escucharon la voz de Dios a través de la *lectio divina*. No tenían copias de la Biblia que poder leer, pero memorizaban largas porciones de ella, y meditaban en diversos pasajes dejando que Dios les hablara a través de Su Palabra".[54] El propósito de la *lectio divina* es, como alguien dijo, ayudarnos en el crecimiento espiritual "para ser hallado en Cristo".

La *lectio divina* normalmente se divide en cuatro etapas: *lectio, meditatio, oratio* y *contemplatio*. Estas etapas, al igual que el método devocional en sí, están en latín. Cada una de ellas habla de un movimiento por el que atraviesa el devoto, y del tipo de actividad que se representa en dicha etapa. No necesariamente es lineal, dado que se puede regresar a una etapa anterior mientras se está en el modo devocional. Boa ubica la *lectio divina* en su capítulo sobre espiritualidad devocional, al que denomina "enamorarse de Dios".[55] El objetivo es dejar que la Palabra de Dios more en nosotros, lo cual es mejor captado por los ortodoxos orientales que por la cristiandad occidental.

---

[53] H. Waddell, *The Desert Fathers* [Los padres del desierto] (New York: Random House, 1998), pp. x-xi.

[54] T. Jones, T. *Read, Think, Pray, Live: A Guide to Reading the Bible in a New Way* [Lea, Piense, Ore, Viva: Una guía para leer la Biblia de una manera nueva] (Colorado Springs: NavPress, 2003), p. 39.

[55] K. Boa, *Conformed to His Image: Biblical and Practical Approaches to Spiritual Formation.* [Conformados a Su imagen: Enfoques bíblicos y prácticos de la formación espiritual] (Grand Rapids: Zondervan, 2001), p. 187.

¿De qué manera podemos dejarnos guiar por el Espíritu mientras leemos las Escrituras? La respuesta podría ser, por medio de orar la Biblia, es decir, por medio de usar las palabras de las Escrituras como oración... Y luego de orar las palabras de las Escrituras, detenerse y escuchar, oyendo lo que Dios tenga que decirnos a través de aquellas palabras infalibles. La *lectio divina* es precisamente una forma de hacer esto; y es una buena razón por la que los cristianos han practicado la lectio divina por más de 1.500 años.[56]

Demos una rápida mirada a las cuatro etapas de la *lectio divina*. Lo haremos tomando el Salmo 23.

Lectio (Lectura)

Leemos el Salmo 23 varias veces. Se sabe de quienes llegan a leerlo hasta veinte o más veces, dejando que las palabras del salmo calen profundo. Además de leerlo en voz baja, podemos pronunciarlo en voz alta, a fin de no solo ver la Palabra sino también escucharla.

Meditatio (Meditación)

Comenzamos por meditar, o reflexionar, en las palabras del Salmo 23. Al hacerlo, puede que una palabra o frase en sí, llame nuestra atención. Por ejemplo, "El Señor es mi pastor" puede ser una frase que sobresalga mientras leemos. (Puede que la próxima vez que hagamos la *lectio divina*, sea otra la frase la que sobresalga.) Luego nos hacemos preguntas acerca de la frase "el Señor es *mi* pastor". Comenzamos a examinar la frase desde distintos puntos de vista. ¿Quién es un pastor? ¿Cuál es el rol de un pastor? ¿Qué tipo de relación tiene el pastor con sus ovejas? El pastor cuida a cada una de sus ovejas. Este pasaje me hace recordar la parábola de

---

[56] T. Jones, *Read, Think*, p. 34.

"la oveja perdida" y cómo fue el pastor en busca de aquella que se había perdido. ¿Qué significa que el Señor sea mi pastor? ¿De qué manera cumple Él ese rol en mi vida? ¿De qué manera respondo yo a este rol? Estas y otras preguntas nos ayudan a reflexionar en el pasaje. De este modo hemos internalizado el pasaje.

Oratio (Oración)

En oración, con acción de gracias vamos al Señor de los pastores. Vamos a él para pedir protección, para que sus brazos nos rodeen. Confesamos que a menudo nos alejamos de él y confesamos nuestra total dependencia de él en lo concerniente a nuestro cuidado y protección. Hablamos con Dios acerca de lo que la Palabra nos está diciendo.

Contemplatio (Contemplación)

Boa señala que esta es la etapa más difícil. La llama "el fruto del diálogo entre los tres primeros elementos; la comunión que nace de recibir la verdad divina en nuestras mentes y corazones".[57] Este es el momento en que simplemente "existimos" frente a Dios. No tratamos de pensar, simplemente somos, dejando que Dios reine completamente. Esto es lo que algunos llaman estar en la presencia de Dios. Nos abrimos a Dios dejando que Él nos llene, tal como Él nos ha prometido. Un escritor dice, "Sencillamente descansa en la presencia de Dios. Mantente abierto a Dios. Escucha a Dios. Mantente en paz y en silencio ante Dios. ¿De qué manera se te revela Dios?"[58]

---

[57] K. Boa, *Conformed*, p. 97.

[58] R. Peace, *Contemplative Bible Reading: Experiencing God through Scripture* [La lectura contemplativa de la Biblia; Experimentando a Dios en las Escrituras] Colorado Springs, NavPress, 1998), p. 13.

Debemos admitir que la *lectio divina* no es para todos. Animo a todos a que la practiquen, pero muchos encontrarán que su personalidad simplemente no les permite el momento de contemplación que se requiere para alcanzar el objetivo de esta práctica espiritual. La *lectio divina* nos desafía al menos a profundizar realmente en la Palabra, dejando que la Palabra se interprete a sí misma, y como dice Boa, que el texto se internalice en nosotros. Jones nos recuerda el propósito de esta antigua práctica, "Recuerden, la *lectio divina* tiene un propósito: desarrollar una relación íntima con Dios por medio de orar las Escrituras que él nos dio".[59] Peace sugiere cuatro resultados de la práctica de la *lectio divina*: 1) "Aprendemos a acercarnos en oración a un pasaje de las Escrituras pidiendo a Dios que nos hable a través de ella"; 2) "Aprendemos a reflexionar sobre lo que hemos oído de un modo tal que podemos identificar la conexión que esto tiene con nuestras vidas"; 3) "Aprendemos a ofrecer a Dios en oración lo que hemos descubierto"; y 4) "Aprendemos a estar en una actitud de apertura a Dios en el silencio de la oración".[60]

> **La *lectio divina* nos desafía a realmente profundizar en la Palabra, dejando que la Palabra se interprete a sí misma.**

¿Por qué empleo tanto tiempo hablando de la lectura y meditación bíblica? La razón es muy simple: a menudo estudiamos

---

[59] T. Jones, *Read, Think*, p. 44.
[60] R. Peace, *Contemplative Bible Reading*, pp. 101-102.

acerca de la Palabra en lugar de estudiar la Palabra. Aprendemos mucho acerca de la Palabra, pero no dejamos que la Palabra penetre en nuestras mentes y corazones. Mulholland,[61] por ejemplo, nos presenta una tabla en la que se comparan dos formas de leer la Biblia. A una de ellas la llama lectura *informativa*, en tanto que a la otra, lectura *formativa*.[62]

LECTURA INFORMATIVA	LECTURA FORMATIVA
Procura abarcar lo más posible	Se enfoca en pequeñas porciones
Es un proceso lineal	Es un proceso de profundización
Trata de dominar el texto	Permite que el texto le domine
El texto constituye un objeto a utilizar	El texto se considera formativo
Utiliza un enfoque analítico y crítico	Utiliza un enfoque humilde, sumiso, amoroso y voluntario
Tiene una mentalidad de resolución de problemas	Tiene una mentalidad abierta al misterio

La lectura formativa, al igual que la *lectio divina*, difiere de la forma en que normalmente nos acercamos a la Biblia. Normalmente, en un seminario tradicional, o grupo de estudio bíblico, desmenuzamos el pasaje de diversas formas. Analizamos el contexto histórico y consideramos el idioma en el que se escribió originalmente el pasaje. Pero este método, aunque legítimo, y al que, por cierto, no negamos su lugar, puede resultar un ejercicio

---

[61] Citado en K. Boa, *Conformed*, pp. 156-157.
[62] R. Mulholland, R., *Shaped by the Word: The Power of Scripture in Spiritual Formation* [Moldeado por la Palabra: El poder de las Escrituras en la formación espiritual] (Nashville, 1985).

bastante árido. Sin embargo, en la vida devocional puede ser más apropiada la lectura bíblica formativa. Queremos que el pasaje nos hable al corazón y no sólo a nuestro cerebro. De otro modo caeremos en un ejercicio académico, al cual Jones compara con la disección de una rana.

> *Esto es lo que muchas veces hacemos con la Biblia... Atenuamos la vitalidad del Libro que Dios nos ha dado, al pasar más tiempo leyendo las notas de nuestros estudios bíblicos del que usamos en la lectura del texto mismo. Cuando tratamos de congelar la Biblia en un cierto período de la historia, ésta se convierte en una reliquia embalsamada... Puesto que ésta es el aliento de Dios, tiene la capacidad de insuflar el Espíritu de Dios en nosotros. Véalo de este modo: la creencia de los cristianos es que, aunque la Biblia ya está escrita, no se termina de escribir. La Biblia escribe su verdad en nuestros corazones, comunicando constantemente sus conceptos en nuevas situaciones, épocas y culturas. El Espíritu de Dios está vivo y nos capacita para leer la Biblia con fe. Ningún otro libro puede reclamar esto.*[63]

Jones continúa diciendo, "La Palabra de Dios está viva, siempre tiene nuevas ideas, nuevos significados y nuevas formas de inspirarnos a vivir la vida cristiana".[64] Él no está promoviendo algún tipo de "inspiración abierta", por la que podamos añadir nuevos libros a la Biblia. Sugiere, sin embargo, que Dios puede usar su palabra inspirada para darnos nuevas ideas. En este sentido, la Palabra es siempre nueva para nosotros. Combinada con la oración, Dios siempre se acerca a nosotros con nuevos

---

[63] Jones, *Read, Think*, pp. 32-33.
[64] Jones, *Read, Think*, p. 90.

"momentos de aprendizaje". El Dr. Tremper Longman III, profesor de Antiguo Testamento del Seminario *Westminster*, escribe lo siguiente: "Con tal quietud de corazón y mente, podemos ir a la Palabra para una lectura provechosa... La Biblia es un libro para saborear y reflexionar... La oración combinada con este tipo de contemplación nos lleva a tener un corazón abierto en la presencia de Dios".[65]

La oración

Un antiguo himno en inglés dice:

La oración es el deseo sincero del corazón, no pronunciado ni expresado
El movimiento de un fuego escondido que se agita en el pecho.

La oración es la carga de un suspiro, el caer de una lágrima
El mirar del ojo hacia lo alto, cuando nadie sino Dios está cerca.

La oración es el aliento vital del cristiano, su aire puro
Su santo y seña a las puertas de la muerte; pues él entra al cielo en oración.

La oración es la voz contrita del pecador al volverse de sus caminos,

---

[65] Tremper Longman III, *Reading the Bible with Heart and Mind*, [Lea la Biblia con el corazón y con la mente] (Navpress, 1996), p. 66.

En tanto los ángeles se regocijan cantando, "¡Mirad, él ora!"

Oh, Tú, por medio de quien venimos a Dios, Tú, camino, verdad y vida
Tú, que has ido por el camino de la oración: Señor, enséñanos a orar.

(William H. Havergal, 1846)

La oración es aquella disciplina vital que pone a los cristianos en contacto con Aquel que creó los cielos y la tierra. Herrington, Creech y Taylor nos dan una definición de la oración: "Es aquella comunicación con Dios en la que hablamos y escuchamos. La practicamos a veces dedicando un tiempo especial, pero también aprendemos a hablar y escuchar a Dios mientras desarrollamos la rutina normal de nuestra vida. La oración es una parte importante en nuestra práctica de todas las demás disciplinas".[66]

Hemos visto como Jesús mismo oró a su Padre y luego nos enseñó a orar. La oración ha sido descrita también como la cuerda salvavidas entre el creyente y Dios. Otros la consideran una conversación. Hybels nos ha desafiado con la frase, "Estoy demasiado ocupado para NO orar". La oración, combinada con la lectura bíblica, genera una poderosa fuerza en el cristiano.

A mediados del siglo 17 en Francia, una mujer llamada Jeanne Guyon escribió un pequeño manual acerca de la oración, el cual causó una controversia y sospecha no menor entre los religiosos de su tiempo. De hecho, Madame Guyon, como se le conoció, terminó encarcelada por siete años en la Bastilla a causa de sus enseñanzas acerca de la oración. Más tarde Luis XIV la desterró de París.

---

[66] J. Herrington et. al., *The Leader's Journey*, p. 164.

Sus enseñanzas influyeron en destacados líderes religiosos como Juan Wesley, el Conde Zinzendorf, George Fox, Hudson Taylor y Watchman Nee. Cada uno de estos modernos héroes de la fe tiene una historia que contar acerca de cómo las enseñanzas de Madame Guyon les ayudaron a "experimentar a Dios a través de la oración".

Una de sus enseñanzas supuestamente herética era, "La oración no es más que volcar nuestro corazón a Dios para recibir su respuesta de amor".[67] Ella desafió al cristiano común y corriente a atreverse a buscar al Dios de los cielos y la tierra. La prosa a continuación es un ejemplo de su pasión por Dios:

¿Estás cansado de sentirte como [cisterna] rota, que no retiene el agua?"(Jeremías 2.13)

¡Entonces vengan, almas sedientas; vengan y sáciense!

¡Vengan, traigan su aflicción, dolor y miseria, porque serán consolados!

¡Vengan los enfermos y llenos de males, porque serán sanados!

¡Vengan, acérquense a su Padre, puesto que desea abrazarlos con sus brazos amorosos!

¡Vengan, ustedes pobres ovejas descarriadas, vuelvan al Pastor!

¡Vengan ustedes analfabetos en las cosas espirituales! ¡Para orar no están incapacitados!

¡Dejen que vengan todos, sin excepción! Porque Jesucristo ha llamado a todos.[68]

---

[67] Madame Guyon, p. 13.
[68] Madame Guyon, pp. 13-14.

Ella enseñaba que el secreto de una oración eficaz era muy simple: "Lo único que debemos saber es que debemos orar con el corazón y no con la cabeza".[69] Madame Guyon detestaba asimismo las oraciones formales, aquellas que no salían del fondo del corazón. Ella escribe, "Hablen en su idioma natural. Aunque a ustedes les parezca simple y crudo, para Él no lo es. También un padre terrenal prefiere que sus hijos le hablen con el amor y el respeto que proviene del corazón, y no con palabras áridas, estériles y elaboradas. Las expresiones francas de amor son infinitamente más elocuentes que cualquier lenguaje o razonamiento".[70]

Dios nos llama a estar en comunión con él, a comunicarnos con él. Esto se logra a través de la disciplina de la oración. No tenemos en nuestro escritorio un teléfono con una "línea directa" con Dios. Tampoco podemos enviarle correos electrónicos. La única forma en que podemos comunicarnos con Dios es a través de la oración. En la oración le expresamos nuestras alegrías, preocupaciones, deseos, frustraciones y peticiones. Nos vaciamos ante él para que nos sacie. A veces pareciera que nuestras oraciones no tienen ningún efecto, como si la línea telefónica estuviera descolgada del otro lado. Sin embargo, mientras más oramos, más sentimos que sí hay alguien escuchando del otro lado de la línea. ¿No es acaso el deseo de todo aquel que ora escuchar la voz de Dios?

Un colega mío, Keith Tanis, habla del "liderazgo de rodillas", el liderazgo que se construye sobre la práctica de la oración. Dios nos usa más arrodillados en oración que sentados planificando nuestra agenda. En la vida cristiana se nos invita a "llevar todo a Dios en oración".

---

[69] Madaem Guyon, p. 15.
[70] Madame Guyon, p. 83.

Hace unos diez años mi esposa y yo tomamos lecciones de tango. Lo primero que tuvimos que aprender fue que uno guiaba y el otro se dejaba guiar. En el tango, el hombre es quien guía y la mujer quien lo sigue. ¡Es Así! No se negocia. Para que mi esposa supiera cuál era el siguiente paso mi liderazgo tenía que ser claro. Y si ella empezaba a dirigir perdíamos el ritmo y no podíamos seguir bailando.

Thomas habla de la *"oración de baile"*. Él explica, "Cuando hablo de "baile", no me refiero al movimiento corporal...; sino al hecho de que, tal como la mujer tradicionalmente permite que el hombre la guíe en el baile, Dios nos guía en nuestras oraciones... La oración de baile es la oración en la que permitimos que Dios nos guíe; sería presuntuoso suponer que conocemos las necesidades por las cuales debemos orar; es por esto que debemos dejar que Dios nos dirija".[71] Muchas veces tomamos la oración como si fuera algo unidireccional. Pero la oración necesariamente va en los dos sentidos. Nosotros hablamos y Dios escucha; Dios habla y nosotros escuchamos. ¿Cuántas veces terminamos nuestras oraciones con un "Amén" sin tomarnos el tiempo para oír la respuesta de Dios? Combinada con la contemplación, la oración se convierte en una herramienta que permite a Dios hablarnos y dirigirnos, no solo escucharnos. Imagínese estando con un amigo que solamente habla. ¿Qué sentiría si nunca le deja decir nada? ¿Y qué tal si lo único que hace es escucharlo? ¿Cómo se sentiría? ¿Qué tal si usted es un padre o madre con un hijo que nunca escucha? Dios quiere algo más que oírnos; él quiere también respondernos. Él quiere hablarnos, decirnos cuánto nos ama y cuánto se preocupa por nosotros. Quiere decirnos por qué

---

[71] G. Thomas, *Sacred Pathways*, pp. 184-185.

es que permite que nos sucedan ciertas cosas. Por esto es que la oración es "una conversación con Dios", un diálogo. Tenga siempre esto en mente.

La mayoría de las veces en que mi esposa me pide que vaya de compras, falta algo en la lista que me dio. Cuando estoy abriendo la puerta para salir, me llama para decirme que necesita una cosa más. Me voy al supermercado repitiendo lo que me dijo para no olvidarlo. ¡Aun así, es muy posible que vuelva con plátanos en vez de melones! Si logro recordar lo que me dijo es porque he puesto toda mi atención en ello. Lo repito y me hago una imagen mental del artículo. La oración contemplativa es algo similar, una oración específica. En la oración contemplativa, para despejar la mente de otras cosas, la persona se enfoca, o concentra, por ejemplo, en una palabra. El libro *Sacred Pathways* [Sendas Sagradas] explica el proceso en un lenguaje bastante simple: "Repita mentalmente la palabra por cierto espacio de tiempo (digamos, unos veinte minutos), hasta que su corazón comience a repetir la palabra por sí solo, en forma natural y refleja, como la respiración. A medida que su mente se llena con pensamientos de Jesús, del Padre o de algún otro tema apropiado... usted comienza a quedar protegido de distracciones externas. Esto es un poco difícil de explicar a una mente occidental. Pensamos, "¿y ahora qué?" Pero la oración concentrada es un acto contemplativo en el que no hay que hacer nada; se descansa en la presencia de Dios".[72] Esto no debe confundirse con las prácticas de algunas religiones orientales, como la meditación trascendental, en donde se repite un *mantra*. La oración contemplativa ha sido parte del cristianismo desde antaño. Es un medio a través del que dejamos que Dios "guíe el baile", haciéndonos conocer Su

---

[72] G. Thomas, *Sacred Pathways*, p. 185.

voluntad. Constituye una forma de escuchar a Dios, de oír incluso "el silbo suave" de Su voz (1 Reyes 19.12). En la oración contemplativa, nos mantenemos en silencio para escuchar hablar a Dios. Es interesante que también los reformadores practicaron la oración contemplativa. Escuche las palabras de Rice en *Reformed Spirituality*: "El silencio interior constituye una forma de tomar conciencia de la presencia de Dios dejando a un lado nuestra agenda llena de actividades. Es una forma de vaciarnos a fin de que Dios pueda llenarnos. A medida que vamos quedando en silencio descubrimos que la oración no necesita palabras. Calvino dice que 'las mejores oraciones son a veces aquellas en las que no existen palabras'. Los puritanos desarrollaron lo que ellos denominaron 'la oración extraordinaria', como algo distinto a la oración 'ordinaria', la cual se practicaba regularmente en ciertos horarios. Para la oración extraordinaria, sugerían fijar la atención en frases o palabras, como repetir una y otra vez el nombre 'Jesús' o la palabra 'amor'. Incluso sugerían que suspirar y gemir podía ser suficiente".[73]

En 1 Reyes 19, el profeta Elías huyó de la malvada Jezabel quien deseaba verlo muerto. Llegó a un lugar llamado Berseba, se adentró en el desierto, se sentó debajo de un arbusto y oró a Dios pidiendo que le quitara la vida. Luego de aquello Elías se durmió y fue despertado varias veces por un ángel que le proveyó alimento. Después de descansar y comer, Elías se sintió con fuerza para su viaje de cuarenta días y cuarenta noches hasta Horeb, lugar conocido como el monte de Dios. Allí pasó la noche en una cueva. La Biblia dice que aquella noche o a la mañana siguiente, "La palabra del Señor vino a él: '¿Qué haces aquí Elías?'" Elías

---

[73] Rice, *Reformed Spirituality*, p. 88.

entonces se queja de que él es el único profeta de Dios que queda vivo, que han asesinado a los demás. Dios le responde que salga de allí y vaya al monte por el que Él pasaría.

La Biblia dice, "Como heraldo del Señor vino un viento recio, tan violento que partió las montañas e hizo añicos las rocas; pero el Señor no estaba en el viento. Al viento lo siguió un terremoto, pero el Señor tampoco estaba en el terremoto. Tras el terremoto vino un fuego, pero el Señor tampoco estaba en el fuego. Y después del fuego vino un suave murmullo. Cuando Elías lo oyó, se cubrió el rostro con el manto y, saliendo, se puso a la entrada de la cueva. (1 Reyes 19.11-13). Normalmente esperamos "oír" a Dios en eventos grandiosos, como huracanes, tormentas de lluvia y terremotos. Queremos que Dios nos hable con una voz fuerte como lo hace con Moisés en la película "Los Diez Mandamientos" de Cecil B. de Mille. Sin embargo, cuando oramos, normalmente nos habla con "voz suave", o, como dicen otras versiones de la Biblia "con un murmullo". ¿Estamos esperando oír a Dios en el trueno y el relámpago, en lugar de esperar que nos hable en la quietud de la oración? ¿Estamos esperando lo espectacular sin darnos cuenta de que Dios puede usar lo más insignificante para hablarnos? Como cristianos, oramos creyendo que Dios nos va a responder en su forma y a su tiempo.

Santiago nos dice cuándo y cómo orar. En su epístola escribe, "¿Está afligido alguno entre ustedes? Que ore. ¿Está alguno de buen ánimo? Que cante alabanzas. ¿Está enfermo alguno de ustedes? Haga llamar a los ancianos de la iglesia para que oren por él y lo unjan con aceite en el nombre del Señor. La oración de fe sanará al enfermo y el Señor lo levantará. Y si ha pecado, su pecado se le perdonará. Por eso, confiésense unos a otros sus pecados, y oren unos por otros, para que sean sanados. La oración del justo es poderosa y eficaz" (Santiago 5.13-16).

En la Biblia hay por lo menos 104 referencias a la palabra "orar". Solo en el Nuevo Testamento encontramos 64. Obviamente la oración es el aliento de vida para cada creyente. La Biblia nos dice que cuando Daniel estaba cautivo, oraba tres veces al día. El salmista clama "Escucha mis súplicas, rey mío y Dios mío, porque a ti elevo mi plegaria. Por la mañana, Señor, escuchas mi clamor; por la mañana te presento mis ruegos, y quedo a la espera de tu respuesta" (Salmo 5.2-3). "Pero yo clamaré a Dios, y el Señor me salvará. Mañana, tarde y noche clamo angustiado, y él me escucha" (Salmo 55.16-17).

Pablo nos dice que ni siquiera sabemos lo que debemos pedir, pero "el Espíritu mismo intercede por nosotros con gemidos que no pueden expresarse con palabras" (Romanos 8.29). 1 Tesalonicenses 5.17 nos dice, "oren sin cesar". En otras palabras, la oración tiene que ser una disciplina practicada regularmente. Jesús mismo en Mateo 6 nos aconseja no solamente cómo orar, sino que además nos dice cuál debe ser nuestra actitud al hacerlo, concluyendo con el ejemplo de oración que conocemos como la oración del Señor.

Un siglo antes de madame Guyon, hubo otra mujer que mantuvo una vida de oración. Su devoción a Cristo, su experiencia de "vida interior" y su vida de oración constante fueron reconocidas por aquellos que buscaban este tipo de vida, incluso por aquellos que sospechaban de ella. Por un tiempo esta mujer de Dios cayó en las manos de la inquisición española, ella junto a quien mentoreaba, Juan de la Cruz. Me refiero a Teresa de Ávila, también conocida como Teresa de Jesús. El nombre *Ávila* tiene relación con el lugar de nacimiento y estadía de la mayor parte de su vida. Se le llama de Jesús en referencia a Aquel en quien ponía ella su fe y a quien oraba fervientemente. Siendo una escritora prolífica, aunque no una erudita, Teresa llegó a ser la segunda escritora más famosa en toda España, solo aventajada por el eximio Miguel de Cervantes. Su obra más famosa es *Las moradas del castillo interior*, en la cual nos habla acerca de la oración profunda. Berg en su introducción explica que el castillo "es una imagen del quehacer completo del alma. Es el lugar en el que la persona como un todo tiene experiencias con Dios y Su poderosa presencia, con el Rey de Reyes, a quien Teresa llama con cariño 'Su Majestad'" (p. xiv).

Casi cien años antes del comentario de Berg, en una temprana traducción de su trabajo, Whyte escribe, "con Teresa había una oración al principio y una oración al final, siempre una oración. Con Teresa, todas las cosas literalmente eran santificadas, endulzadas y convertidas en fruto por la oración".[74]

Nos preguntamos qué podría enseñarnos acerca de la formación espiritual esta española mística del siglo 16. Muchas veces vivimos vidas inconsecuentes en las que tratamos de reinventar la rueda en lo que se refiere a las disciplinas espirituales. Lo que Guyon y Teresa tienen que decir resulta muy útil para nosotros, para mí en particular, hoy en día, al tratar de hacer de la oración una disciplina regular. Junto a líderes protestantes tan venerables como Calvino y Bunyan, tienen mucho que enseñarnos en lo que se refiere a vida espiritual formada por la oración y la meditación. Quizás debamos escuchar todavía más, porque hemos llegado a ser personas que queremos arreglar todo instantáneamente. Queremos "Los Diez minutos de la oración", "Los cinco pasos de la oración", etc. ¡Si existiera, compraríamos incluso un ejemplar de *"La oración para idiotas"*!

---

[74] Alexander Whyte, *Santa Teresa, An Appreciation* [Santa Teresa, una Evaluación] (London: Oliphant, Anderson and Ferrier, 1897), pp. 18-19.

Edwards editó un libro de pensamientos de Calvino, titulado *The Devotions and Prayers of John Calvin*, [Los Devocionales y Oraciones de Juan Calvino], un excelente libro que muestra el lado humano de este gran reformador.[75] Muchas veces tenemos una imagen de Calvino como de alguien frío, como un teólogo intelectual más que un siervo de Dios que buscara apasionadamente conocer el corazón de Dios. Este libro nos ayuda a ver el otro lado de Calvino. Podemos también dirigirnos al Libro III, capítulo XX de *La Institución de la Religión Cristiana* de Calvino, en donde se trata en profundidad el tema de la oración. A través de estos escritos podemos ver a Calvino como un hombre de oración. A diferencia de aquellos que oraban en latín, Calvino decía que había que orar en el idioma nativo. Al igual que Teresa de Ávila y madame Guyon, hizo una exposición de la oración del Señor, tal como se encuentra en el *Catecismo de Heidelberg* (De la Oración, domingo 45 preguntas y respuestas 116 al 129). Para Calvino la oración era un acto de fe, un "medio de gracia" (entendiendo *medio* como "algo que nos permite quitar las barreras y ser receptivos a la gracia...".[76] Calvino dice que llegamos a Dios a través de Cristo, "nuestro abogado y mediador".[77] Calvino nos asegura que a pesar de que no recibamos lo que pedimos, podemos estar seguros de que Dios nos oye y responde de acuerdo a nuestra necesidad. "Dios nunca nos aban-

---

[75] E. Edwards, ed., *Devotions and Prayers of John Calvin* [Los devocionales y oraciones de Juan de Calvino] (Grand Rapids: Baker Book House, 1954).
[76] Rice, *Reformed Spirituality*, p. 187.
[77] Rice, *Reformed Spirituality*, p. 165.

donará... Él solo es suficiente para todos".[78] Comentando la posición de Calvino, Rice dice, "La respuesta de Dios puede tomar una forma diferente a la que esperamos. Un 'no' es también una respuesta a la oración".[79]

Yendo más allá, para Calvino, los cristianos son llamados a orar a fin de tener un ferviente deseo de servir a Dios; para aclarar nuestros deseos y necesidades, de modo que éstos realmente honren a Dios; y para expresar gratitud cuando recibimos los dones de Sus manos. "Las razones que Calvino da para orar", dice Rice, "nos ayudan a verla como una forma de relacionarnos con Dios más que como una plegaria por lo que necesitamos. Su teología de la oración es teocéntrica, y se preocupa más por la forma en que Dios puede hacer de nosotros las personas que Él desea, que por la forma en que podemos conseguir que Dios satisfaga nuestros deseos".[80] Incluso el lema de Calvino, *Cor Meum Tibi Offero Domine Prompte et Sincere* ("Mi corazón ofrezco a ti Señor, pronto y sincero"), demuestra el apasionado deseo de Calvino por conocer a Dios en forma profunda.

¿Cómo ora usted? ¿Pide la satisfacción de sus propios deseos, o pide "Su voluntad"? ¿Está su oración centrada en Dios o en usted mismo? ¿Muestra usted la pasión que tenía Calvino por conocer a Dios?

El *Catecismo de Heidelberg* pregunta "¿Por qué es necesaria la oración a los cristianos?" La respuesta es, "Porque es el punto principal de nuestro agradecimiento que Dios pide de nosotros, y porque Él quiere dar su gracia y su Espíritu Santo sólo a aquellos que se lo piden con oraciones ardientes y continuas, dándole gracias" (De la Oración, Domingo 45, pregunta y respuesta 116).

---

[78] Rice, *Reformed Spirituality*, p. 200.

[79] Rice, *Reformed Spirituality*, p. 79.

[80] Rice, *Reformed Spirituality*, pp. 79-80.

Pareciera que las palabras de Berg provenientes del siglo pasado mantienen su vigencia estos días: "Vivimos en una era que se opone a la meditación, a la contemplación y a la oración.... En cierta forma, todos nosotros nos enfrentamos con una mentalidad caracterizada por el síndrome del éxito, el funcionalismo pragmático (si funciona, es bueno), el mito de la autosatisfacción, el materialismo, la vida impersonal y fragmentada, la búsqueda frenética del placer, y la tiranía del reloj, la agenda, las computadoras, los vuelos aéreos y el teléfono .... Uno de nuestros mayores problemas es nuestra incapacidad para advertir que nuestro Dios y Padre Celestial está esperando, siempre listo y dispuesto a ayudarnos en nuestras oraciones. A menudo no confiamos en Dios ni nos damos cuenta del poder del Espíritu Santo existente en nosotros y entre nosotros".[81] Aun así, el Espíritu de Dios nos guiará mientras oramos.

Pablo dice, "Así mismo en nuestra debilidad el Espíritu acude a ayudarnos. No sabemos qué pedir, pero el Espíritu mismo intercede por nosotros con gemidos que no pueden expresarse con palabras. Y Dios, que examina los corazones, sabe cuál es la intención del Espíritu, porque el Espíritu intercede por los creyentes conforme a la voluntad de Dios" (Romanos 8.26-27).

Boa define la oración de la siguiente manera: "Es un lugar de reunión en el que nos acercamos a Dios para recibir su gracia, aliviar nuestras cargas y temores, y ser honestos con el Señor".[82] De acuerdo con Boa, la oración debiera llegar a ser el eje de nuestro trayecto espiritual. Citando las Escrituras, da una lista de diez razones para ello.[83]

---

[81] J. Houston y C. Berg, eds., *A Life of Prayer: Faith and Passion for God Alone* [Una vida de oración: Fe y pasión solamente por Dios] (Minneapolis: Bethany Publishers, 1998), p. xxiv.
[82] Boa, *Conformed*, p. 83.
[83] Boa, *Conformed*, p. 94.

- La oración intensifica nuestra comunión e intimidad con Dios (Salmo 116.1-2; Jeremías 33.2-3)
- Las Escrituras nos mandan a orar (Lucas 18.1; Efesios 6.18; 1 Tesalonicenses 5.16-18; 1 Timoteo 2.1)
- Cuando oramos, estamos siguiendo el ejemplo de Cristo y de grandes personajes de las Escrituras como Moisés y Elías (Marcos 1.35; Números 11.2; 1 Reyes 18.36-37)
- La oración nos ayuda a apropiarnos del poder de Dios en nuestras vidas (Juan 15.5; Hechos 4.31; Efesios 3.16; Colosenses 4.2-4)
- Cuando oramos recibimos ayuda especial de Dios (Hebreos 4.16)
- La oración produce una genuina diferencia (Lucas 11.9-10; Santiago 5.16-18)
- La oración desarrolla nuestro conocimiento y comprensión de Dios (Salmos 37.3-6; 63.1-8; Efesios 1.16-19)
- Nuestra oración y la respuesta de Dios dan gozo y paz a nuestros corazones (Juan 16.23-23; Filipenses 4.6-7)
- La oración nos ayuda a comprender y alcanzar los propósitos de Dios en nuestras vidas (Colosenses 1.9-11)
- La oración cambia nuestras actitudes y deseos (2 Corintios 12.7-9)

Por lo tanto, necesitamos hacer de la oración una práctica diaria. He practicado la "oración constante" en el camino al trabajo en la mañana. Ahora se me ha hecho un poco más difícil por el hecho de que hay dos colegas que viajan conmigo en el vehículo. Quizás deberíamos incorporar un momento de oración al viajar juntos. ¿No sería este un maravilloso hábito a iniciar?

Hablando de la oración dentro de la tradición reformada, Rice hace una lista de cuatro equilibrios necesarios en la oración (pp. 84-85):

1) "La oración es tanto corporativa como personal..."
2) "La oración es tanto espontánea como programada..."
3) "La oración es un asunto de la mente y del corazón..."
4) "Necesitamos hablar y también escuchar".

Como creyentes, existen momentos para orar en conjunto y también momentos para orar en privado, en silencio, individualmente. La oración puede emerger de nuestra alma en el momento en que sucede algo maravilloso, o puede también ser un acto de fe habitual. Aunque la oración no nos deja la mente inactiva, nos llama a gemir desde nuestros corazones. Cuando oramos, hacemos las dos cosas, hablamos y escuchamos.

Por lo general en las mañanas antes de salir, me sorprendo saliendo de casa sin antes haberme dado el tiempo para leer la Biblia u orar, aparte de haber orado dando gracias por el plato de cereal. Debo entonces encontrar algún otro momento del día para dedicarlo a la oración, a la lectura de la Biblia y a la meditación. Quizás a mediodía, al atardecer, o antes de irme a acostar, en lugar de sentarme frente al televisor. ¿O tal podría tomar unos 15 a 30 minutos al comenzar mi día de trabajo? Quizás debiera seguir el consejo de Huggett: "Si voy tomar realmente en serio el escuchar a Dios, entonces debiera poner la oración en primer lugar y acomodar después todo lo demás".[84] ¿Qué haría usted para ha-

---

[84] Joyce Huggett, *The Joy of Listening to God: the Many Ways God Speaks to Us* [El gozo de escuchar a Dios: Las muchas maneras en que Dios nos habla] Downers Grove: InterVarsity Press, 1986), p. 44.

cer de la oración una práctica diaria? Existen razones para hacer de la oración lo primero que se hace por la mañana y lo último que se hace por la noche; pero más importante que el momento particular que se dedique a la oración, es el hecho de orar. Busque el momento para hacerlo y conviértalo en un hábito, en una disciplina o ejercicio espiritual. "Un hábito de oración personal significativa no es algo que se desarrolle por sí mismo; es el fruto de un compromiso diario dedicado al tiempo de oración".[85] La oración le ayudará a formarse espiritualmente para esta jornada de vida, preparándole así para la jornada que viene. "Así que acerquémonos confiadamente al trono de la gracia (¡directamente!), para recibir misericordia y hallar la gracia que nos ayude en el momento que más la necesitamos" (Hebreos 43.16).

Antes de hablar de la siguiente disciplina debo mencionar que hace poco leí en una revista un interesante artículo titulado, *"Music to God's Ears: Your hymnal can add welcome richness to your prayers"* [Música para los oídos de Dios: Su himnario puede añadir riqueza a sus oraciones].[86] Bob Hostetler escribe, "Cuando era joven, y estaba con mi primer amor por Jesús, descubrí cuan pobre era mi vocabulario de oración. Normalmente me frustraba al no poder poner en palabras las meditaciones de mi corazón. Entonces me di cuenta que podía usar los himnos no solo para cantar sino también para hablar. Por aquel tiempo comencé a utilizar los himnos para mis momentos privados de oración… Orar los himnos no requiere de demasiada práctica y preparación; cualquiera puede hacerlo. Es una actividad muy enriquecedora. Le ayudará a expresar, en formas que quizás nunca antes experimentó, los más profundos e intensos deseos de su

---

[85] Rice, *Reformed Spirituality*, p. 186.
[86] *Discipleship Journal*, Enero/Febrero 2005.

corazón. Con el tiempo, sus oraciones se llenarán con ricas frases y versos sorprendentes, hasta hacer rebalsar su memoria con las palabras de los poetas de la historia, incluso cuando ni siquiera esté leyendo".[87] Hostetler sugiere recitar la letra de los himnos en lugar de cantarlos para luego meditar en su contenido. Si tiene el deseo de iniciar un nuevo método de oración, vale la pena que lo intente.

Ayuno

Cuando estaba en la universidad, hace unos cuantos años atrás, tuve un profesor que nos desafiaba a hacer del ayuno una práctica habitual en nuestro régimen espiritual. Descarté el ejercicio de esta actividad, considerándola poco valiosa o atractiva. Tengo que admitir que no puse en práctica este consejo. Por alguna razón, me parecía que esta no era una práctica de los cristianos de mi particular punto de vista religioso. Consideré esto como algo que hacían otros, no las personas de mi denominación. Digo esto con cierta vergüenza, porque el profesor que nos desafiaba a ayunar era un hombre al que yo respetaba, y que más tarde oficiaría nuestra ceremonia de boda.

Después de casarnos, mi esposa normalmente ayunaba cuando tenía que enfrentar alguna tarea difícil, o estaba en períodos de oración intensa por alguna situación en particular. Aun así, yo no era un "ayunador" practicante. Mi peregrinaje en esta disciplina espiritual ha sido algo reciente. He estado participando en retiros espirituales de una forma más regular, en donde he estado aprendiendo que el ayuno es un ejercicio que ayuda en la formación espiritual.

---

[85] pp. 83-84.

La definición que usaremos para el ayuno será la que usan Herrington, Creech y Taylor. El ayuno es "la experiencia de abstenerse en forma voluntaria de comer o satisfacer algún otro apetito, para dar espacio a Dios en nuestra vida. En el ayuno, se aprende a controlar diversos apetitos y someterlos a Dios".[88]

Towns describe dos tipos de ayuno: "Primero, el ayuno absoluto en el que no se ingiere ningún alimento sólido ni se bebe ningún líquido; el segundo es un ayuno más normal, en el que no se ingiere ningún alimento sólido, pero sí se bebe agua, jugo o algún otro líquido".[89]

El ayuno puede ser solo por un día o prolongarse hasta por 40 días. El libro de Towns ofrece una descripción más completa de los diversos tipos de ayuno, como también algunas advertencias médicas.[90]

Como disciplina, el ayuno es un acto físico y espiritual. "A medida que dejas que tu cuerpo se vacíe de comida, procura vaciar el alma delante de Dios".[91] El ayuno está estrechamente vinculado con la oración. De hecho, normalmente hablamos de "ayuno y oración". Al ayunar estamos preparando nuestras almas para comunicarse con Dios, si bien no todas las oraciones tienen un período de ayuno como condición previa.

Towns ha escrito dos libros acerca del ayuno. *Fasting for Spiritual Breakthrough* [Ayune para victoria espiritual],[92] donde presenta 9 hechos bíblicos para 9 propósitos diferentes, y *Knowing God*

---

[88] Herrington et.al. *The Leader's Journey*, p. 163.

[89] Elmer Towns, *Knowing God Through Fasting* [Conozca a Dios a través del ayuno] (Shippensburg PA: Destiny Image Publishers, Inc., 2002), p. 66.

[90] Towns, *Knowing God Through Fasting*, p. 82.

[91] Towns, *Knowing God Through Fasting*, p. 20.

[92] Elmer Towns, *Fasting for Spiritual Breakthrough* [Ayune para victoria espiritual] (Ventura: Regal, 1996).

through Fasting [Conozca a Dios a través del ayuno].[93] Este último nos describe el espíritu del ayuno. En la medida que ayunamos:

- saboreamos la bondad de Dios
- esperamos en la presencia de Dios llegar ser como Él
- llegamos ante Jesús para disfrutar de Su presencia
- bebemos de la presencia de Dios para alcanzar satisfacción espiritual
- aprendemos a disciplinarnos tal como lo hizo también Jesús
- crecemos espiritualmente a la imagen de Cristo
- obtenemos una percepción espiritual del mundo de Dios
- disfrutamos del descanso de Dios al conocer su corazón[94]

Por ejemplo, el ayuno sirve como un medio para degustar la bondad de Dios. "El ayuno es una forma de disfrutar de antemano el encuentro con Dios; al saber que Él se reunirá contigo… te alejas de la comida terrenal para alimentarte de Dios".[95]

Calvino hace una lista de tres propósitos para el ayuno:[96]

1) "dominar y someter la carne, a fin de que no se ponga demasiado libertina"
2) "estar mejor preparados para orar y meditar en las cosas santas"

---

93 Elmer Towns, *Knowing God Through Fasting* [Conozca a Dios a través del ayuno] (Shippensburg PA: Destiny Image Publishers, Inc., 2002).

94 Elmer Towns, *Knowing God Through Fasting*, contratapa.

95 Elmer Towns, *Knowing God Through Fasting*, p. 22.

96 Juan Calvino, *Institución de la Religión Cristiana*, Volúmenes I y II, 4ª edición. Barcelona, España, Fundación Editorial de Literatura Reformada 1983), Libro IV, 15, p. 979.

3) "dar evidencias de humillación al confesar nuestras faltas delante del Señor".

Jonathan Edwards, el gran predicador calvinista de la colonia de Nueva Inglaterra, declaró que el ayuno era "un deber que todo aquel que profesaba ser cristiano debía practicar y hacerlo en forma *frecuente*".[97]

El ayuno nos pone en un estado de espera delante del Señor. Para muchos de nosotros la espera es una tarea difícil. Yo, por ejemplo, no soy una persona muy paciente. Por el hecho de viajar seguido disfruto de ciertos privilegios que las aerolíneas y las agencias de alquiler de autos conceden a los viajeros frecuentes. Al llegar a un aeropuerto congestionado, normalmente existe una fila corta en el mesón de atención para personas como yo. En ocasiones ni siquiera debo esperar, puesto que puedo imprimir mi boleto en Internet antes de salir de mi casa. Luego, habitualmente hay una fila corta para los viajeros frecuentes, y de este modo nuevamente no tengo que esperar mucho. Al momento de abordar el avión, recibo atención preferencial, puedo ser de los primeros en abordar y acomodar mi equipaje en los compartimentos antes de que éstos se llenen. Llegando a mi destino, recojo directamente mi automóvil, sin tener que esperar en el mesón de atención. Debido a esto me he empezado a sentir privilegiado, de modo que me siento incómodo cuando viajo en otra aerolínea. Esto me afecta también al enfrentar la tarea del ayuno.

El ayuno nos llama a esperar, a esperar en el Señor. El ayuno no es una actividad que se haga aprisa. El ayuno es algo que se

---

[97] Jonathan Edwards, "Thoughts on the Revival of Religion in New England," en *Edwards on Revival*, New York: Dunning & Spaulding, p. 401.

hace aquietándose, privándose de comer, o limitando el consumo de alimento, para esperar en el Señor. La Biblia nos entrega varios pasajes en donde se habla de "esperar".

"Sólo en Dios espera mi alma; de él viene mi salvación" (Salmo 62.1)

"Benditos son aquellos que esperan en Él" (Isaías 30.18)

"Bueno es Jehová a los que en él esperan, al alma que le busca" (Lamentaciones 3.25)

Jamás sobreestimaremos el valor de la espera al ayunar. El ayuno es una forma de calmarnos, de la misma forma que lo hacen el silencio y el aislamiento. "¿Qué sucede cuando esperamos? Recuperamos el aliento, relajamos los músculos y nuestro pulso vuelve a la normalidad. Esperar en Dios renueva nuestra energía espiritual. ¿Está agotado? Entonces ore y espere en el Señor mientras ayuna. Renovará sus fuerzas".[98]

La semana pasada pasé cuatro días sentado en reuniones para luego tomar el avión e ir a otra ciudad donde estaría sentado en reuniones por los próximos tres días. Al día siguiente, antes de tomar el avión para regresar a casa, utilicé la mañana para ayunar. Leí las Escrituras, oré, bebí solo agua, y esperé en el Señor. Fueron solo ocho horas de ayuno, pero de alguna manera me sentí renovado. No recibí ninguna revelación especial, pero estaba más relajado en comparación con la semana anterior. Esto era importante para mí, porque aquella noche llegaba a mi casa y al día siguiente tenía que viajar nuevamente, pero esta vez tenía que asistir a un retiro espiritual. No quería ir a ese retiro cansado y demacrado. Quería ir con un espíritu tranquilo, para poder renovarme aun más y relajarme delante del Señor. Fue lo mejor que pude haber hecho. Me di cuenta de que estaba menos impaciente

---

[98] Towns, *Knowing God Through Fasting*, pp. 42-43.

con la gente y menos gruñón. (De acuerdo con mi esposa, ¡soy gruñón por naturaleza y el cansancio me pone aun peor!)

Hace poco viajé a Houston para dirigir un taller de capacitación para plantadores de iglesias hispanas. Invité al pastor que había organizado el evento a un almuerzo rápido antes de que nos fuéramos a la iglesia. El pastor gentilmente se disculpó por no aceptar. Él y algunos otros habían pasado el día ayunando para que todo saliera bien en este evento.

Lea varias veces en voz alta el pasaje de Isaías que habla de la promesa para aquellos que esperan: "Pero los que esperan a Jehová tendrán nuevas fuerzas; levantarán alas como las águilas; correrán, y no se cansarán; caminarán, y no se fatigarán" (Isaías 40.31). ¡Qué promesa! Y fue así, este evento de tres días fue uno de los mejores de este tipo que he vivido, y hemos hecho 45 en los últimos nueve años. ¿Habrá sido porque estos hermanos hicieron el pacto de orar y ayunar al Señor?

¿Se recuerda del ejemplo de Jesús que vimos en el capítulo tres? Jesús también ayunó. De hecho él comenzó su ministerio ayunando durante cuarenta días (Mateo 4.2). Incluso dio instrucciones en cuanto a cómo debe hacerse el ayuno (Mateo 6.16-18).

Al ayunar delante del Señor y desear con ansias su presencia, Dios se comunica con nosotros. Puede que esta revelación no se manifieste con una luz potente, sino sólo con una voz apacible que nos llama a relajarnos en él y ser renovados mientras pedimos Su dirección y Su cuidado amoroso. ¿Está listo para ayunar?

PREGUNTAS DE REPASO

1. Reflexione en la forma más honesta posible acerca de su vida de oración. ¿Se siente satisfecho con esta vida de oración, o cree que hay cosas que mejorar? Si es así, ¿Qué necesita hacer para que su vida de oración sea más enriquecedora y significativa?

2. Rice escribió, "Si realmente buscamos tener una relación más profunda con Dios, probablemente necesitemos comenzar a practicar la disciplina de esperar en silencio… La oración silenciosa nos obliga a tener una actitud de escuchar, esperar y poner atención a Dios".[99] Dé su opinión en cuanto a este tipo de oración, la cual algunos llaman "la oración que escucha".

3. Explique en qué consisten los dos tipos de ayuno, el ayuno absoluto y el ayuno normal.

EJERCICIOS

1. Intente poner en práctica la *lectio divina* por una semana. Destine a ello una hora diaria. Ocupe el Psalmo 23, y siga las instrucciones explicadas en este capítulo. Al final de la semana, escriba en su diario acerca de esta experiencia. ¿Qué cosas le impresionaron tanto positiva como negativamente? ¿Es esta una disciplina espiritual que le gustaría cultivar? ¿Por qué?

2. Intente hacer un ayuno. Recomendamos intentarlo por 12 horas. No coma nada durante 12 horas, sólo beba líquidos. Piense en su trabajo, y cada vez que sienta hambre o que su estómago comience a reclamar, eleve una oración de acción de gracias al Señor por sus muchas bendiciones.

---

[99] Rice, *Reformed Spirituality*, p. 89.

3. Si el tiempo la salud lo permiten, prolónguelo por 12 horas más (después de dormir bien una noche). Esta vez, vaya a un lugar donde esté a solas, solamente con su Biblia y con algo para beber. Lea un pasaje de las Escrituras cada una hora. El resto del tiempo, descanse o camine. Puede hacerlo en un lugar de retiro o en cualquier otro lugar en donde pueda estar a solas. No hable con nadie. Cuando vuelva de su retiro de ayuno, comparta con alguien su experiencia en este ejercicio espiritual.

CAPÍTULO 5
LAS DISCIPLINAS ESPIRITUALES
(SEGUNDA PARTE)

Introducción

En el capítulo anterior hablamos acerca de las disciplinas espirituales de la lectura y meditación bíblica (incluyendo la *lectio divina*), la oración y el ayuno. En este capítulo vamos a concentrar nuestro estudio en mantener un diario, en el retiro y silencio y en la adoración, como disciplinas que nos ayudan como creyentes en la formación espiritual.

Cómo mantener un diario personal

Me gusta la disciplina de escribir. He estado escribiendo por muchos años. Durante mi trabajo en Latinoamérica, escribí materiales de educación teológica por extensión (ETE) para las personas que estaba pastoreando. Podría decirse que escribir lo llevo en la sangre. Cuando llegó el momento de escribir mi tesis doctoral, ¡estaba en el séptimo cielo! Disfruté durante las horas que pasé leyendo y tomando notas. Pero el momento glorioso llegó realmente cuando comencé a escribir. Escribir este libro ha sido un ejercicio de mucho gozo para mí, como también lo ha sido escribir las cartas informativas de mi trabajo. Algo que, sin embargo, no he emprendido es esta forma particular de escritura denominada diario personal. Constituye una disciplina, un ejercicio que aún tengo que desarrollar. No tengo del todo claro por qué no lo he hecho. Recuerdo haber recibido un cuaderno para diario de vida como regalo de navidad, pero no recuerdo haber escrito mucho en él. Hasta hoy, frente a la sola idea de iniciar el trabajo de tener un diario con mis reflexiones, por alguna razón, se me aparece un muro de resistencia. Pero mientras más aprendo acerca de la disciplina de tener un diario, me doy mejor cuenta de que necesito intentarlo.

A lo largo de la historia muchas personas célebres han mantenido diarios de vida. Algunas personas llegaron a ser conocidas por el simple hecho de que se publicaron sus diarios. Cristóbal Colón, como muchos de los primeros conquistadores, mantuvo un diario de sus viajes. Muchos de los primeros cristianos místicos solían también escribir. A veces escribieron cartas que más tarde se publicaron en forma individual o como compilación. Dudo que muchos de aquellos que mantenían un diario hayan pensado que algún día éstos serían publicados. De hecho, algunos de los puritanos pietistas dejaron instrucciones explícitas de quemar sus diarios una vez que ellos murieran, estoy seguro de que, en parte, porque sus escritos estaban llegando a ser conocidos como el confesional puritano.[100] ¿Qué sería del mundo sin los diarios de Ana Frank y Jim Elliot? Sin este hábito, las *Confesiones* de Agustín y los *Pensamientos* de Pascal nunca hubieran visto la luz del día.

¿Por qué es bueno mantener un diario? Boa dice, "Un diario fortalece la reflexión personal, nos estimula a registrar los conceptos que hemos recibido de las Escrituras, y nos sirve como un medio adicional de oración".[101]

Peace lo describe de la siguiente manera:

Mantener un diario constituye por sí mismo una disciplina espiritual. Hace que la mente y el corazón se concentren en los asuntos del crecimiento con el propósito de discernir

---

[100] Peace, *Contemplative Bible Teaching*, p. 128.
[101] Boa, *Conformed*, p. 83.

lo que Dios está haciendo en nuestra vida. A través del diario nos mantenemos en contacto con los aspectos más críticos de nuestro crecimiento, las áreas en las que existen dudas, necesidades y anhelos. Estas son las áreas donde el Espíritu Santo se muestra más activo.

Mantener un diario constituye también una ayuda para los demás ejercicios espirituales. Escribir nuestros pensamientos más profundos nos ayuda en el estudio de la Biblia. Escribir las oraciones nos ayuda en nuestra comunicación con Dios. Crear un poema que glorifica a Dios es un acto de alabanza. Escribir junto con otros para luego compartir lo escrito, genera una comunidad espiritual.[102]

L. Budd dice, "Mantener un diario me ayuda a vivir como una buscadora... Estoy siempre observando, buscando a Dios en las circunstancias de mi vida, en las verdades de las Escrituras,

> **Considere estos beneficios y decida si le gustaría la práctica de mantener un diario. Debe tener en cuenta que mantener un diario requerirá tiempo, no solo para escribir, sino también tiempo para reflexionar antes y después.**

en las respuestas a las oraciones, en la belleza de la naturaleza, en la alegría de un niño".[103] Escribir en un diario nos permite

---

[102] Peace, *Contemplative Bible Teaching*, p. 101.
[103] L. Budd, *Journal Writing: Writing for Spiritual Growth*
[El diario personal: Escriba para crecer espiritualmente]
(Downers Grove: InterVarsity Press, 2002), p. 14.

el tiempo para reflexionar en estas circunstancias de la vida, en lo que nos dicen las Escrituras cuando las leemos, en la belleza que vemos a nuestro alrededor, en las respuestas a la oración. "Escribir…", comenta ella, "puede ser transformador".[104] Ella dice que mantener un diario demanda honestidad e intimidad. A través del diario descubrimos, entre otras cosas, nuestros verdaderos sentimientos, la voz de Dios, la presencia de Dios en la naturaleza y en las actividades diarias, descubrimos nuevos puntos de vista y el valor de recordar.

Klug nos dice cómo poner en práctica el mantener un diario. Él dice que la práctica de escribir un diario, al igual que los otros ejercicios espirituales "no son una alternativa frente a la gracia, sino una respuesta natural a ella". Dice, "es una forma de mantenerse abierto a Dios, de dar al Espíritu la oportunidad de hacer su trabajo en nosotros".[105] Él nos presenta su listado de los beneficios de mantener un diario: [106]

- Desarrolla la comprensión de sí mismo
- Ayuda a cuidar el alma
- Orienta y ayuda en la toma de decisiones
- Ayuda a dar sentido y orden a la vida
- Alivia las emociones y ayuda a mirar las cosas con perspectiva
- Aclara nuestra comprensión de la vida diaria
- Permite un canal de expresión y creatividad personal
- Confirma nuestras convicciones

---

[104] L. Budd, *Journal Writing*, p. 21.

[105] R, Klug, *How to Keep a Spiritual Journal: A Guide to Journal Keeping for Inner Growth and Personal Discovery* [Cómo mantener un diario espiritual] (Minneapolis: Augsburg Press, 2002), p. 10.

[106] R. Klug, *How to Keep a Spiritual Journal*, pp. 14-21.

- Ayuda a establecer metas y a ordenar el tiempo
- Nos ayuda a enfrentar las dificultades

Además es de gran valor repasar las páginas ya escritas del diario. Esta revisión muestra el progreso personal en la fe, refresca las lecciones bíblicas ya aprendidas, e incluso nos ayuda a retomar aquellas áreas de crecimiento que aparecen aún deficitarias.

Considere estos beneficios y decida si querría adoptar la práctica de llevar un diario de vida. Debe tener en cuenta que escribir un diario toma tiempo, tiempo no solo para escribir, sino también para reflexionar antes y después de escribir. Sin embargo, al combinarlo con la lectura de las Escrituras, hará fluir la savia creativa, entregándole una nueva visión de los pasajes que está leyendo y desafiándole a cambiar su vida. Puede que su diario jamás vaya a estar entre los libros más vendidos, pero el propósito de su diario es ayudarle en su crecimiento personal. Es un diario privado entre usted y Dios.

El Retiro

Cuando vivíamos en Costa Rica, solíamos viajar hacia la costa los días sábado para que nuestro hijo hiciera surfing y nuestra hija jugara en la arena. La playa más cercana nos quedaba a una hora en un camino lleno de subidas, bajadas y muchas curvas, que finalmente nos llevaba al nivel del mar. Tras arribar me daba cuenta de que había conducido como en una carrera, sintiendo cada curva y salto del camino mientras mantenía mis manos incrustadas en el volante. Ya en la playa, me quitaba el reloj y escuchaba el ir y venir de las olas, sintiendo que mis músculos se relajaban inmediatamente. Las revoluciones de mi mente bajaban permitiéndome un estado de adormecimiento ideal para tomar una pequeña siesta bajo el sol. El único sonido que oía era el de las olas y una que otra gaviota.

La misma sensación de "quietud" me sobreviene cuando me acomodo en mi silla en el subterráneo de mi casa cerca de la estufa a leña. El calor intenso y la luminosidad del fuego, me inducen un estado de relajación. En esta quietud puedo leer, escuchar música o meditar. La misma sensación me sobreviene alrededor de una fogata cuando vamos a acampar. Me parece que no hay nada más relajador que contemplar una fogata, con sus brasas brillantes, el aroma del humo y el constante chisporrotear de los leños.

Otras veces encuentro la quietud subiendo hasta la cima de algún cerro y mirando desde lo alto hacia el valle. Caminar entre los árboles, sentarse en un tronco caído y escuchar el sonido del viento entre los árboles, le dan paz a un cuerpo y a un alma agobiada por un mundo desgastador.

Hay algo en nosotros que requiere, más aun, exige, momentos de silencio y soledad. Y si hemos de ir a la presencia del Padre, estos momentos son muy necesarios. Aun cuando pueda orar en forma constante durante el día, mantengo la necesidad de un momento tranquilo en el que me pueda obligar a "bajar las revoluciones" para poder oír aun "el susurro" de Dios. Algunos llaman a esto su "momento de quietud". Otros lo llaman "tiempo devocional". Es el momento en el que escuchamos la voz de Dios hablando a nuestro ser interno, o el momento en el que meditamos en Su Palabra esperando que nos hable a través de aquellas páginas impresas. Sin embargo, casi nunca nos tomamos el tiempo necesario para que llegue la calma que tranquiliza nuestras almas, nuestras mentes y nuestros cuerpos, a fin de venir a Su presencia y escuchar Su voz.

En el prefacio del libro de Hellen Waddell, *The Desert Fathers* [Los Padres del Desierto], M. Basil Pennington escribe,

"No debemos esperar librarnos de la falsedad a la que los valores de este mundo nos inducen, y escapar de la alienación que marca nuestra vida desde el vientre de nuestra madre, y que esta sociedad mundana continuamente fomenta, a menos que procuremos regularmente períodos de calma. Esta es la meta de toda auténtica práctica de meditación…".[107]

Herrington, Creech y Taylor nos ofrecen una definición de silencio y de retiro. Silencio: "Es cuando en forma deliberada tratamos de eliminar tantas fuentes de ruido innecesario como sea posible y nos libramos de las distracciones externas, poniéndonos en mejor disposición para escuchar a Dios desde el fondo del alma. Nos abstenemos además del uso de palabras que distraigan o alteren a otros".[108]

Retiro: "La opción de apartarnos de los demás nos enseña a estar a solas con Dios. El retiro nos da la oportunidad de reflexionar sobre las presiones que ejercen nuestras relaciones y la vida diaria, a fin de reorientarnos en la voluntad de Dios".[109]

El silencio y el retiro son prácticas que deben constituir parte de nuestra vida cristiana. Si vamos a ser espiritualmente formados, necesitamos pasar estos momentos con Dios, puesto que es a través de estos momentos que nuestra alma y nuestro cuerpo se renuevan. Rice indica, "El retiro… es algo que debemos procurar. Es la actitud del corazón y la disposición a permanecer abiertos a Dios".[110] A veces este momento de silencio y soledad viene a través de un retiro espiritual. El retiro puede ser calendarizado

---

[107] H. Waddell, *The Desert Fathers*, p. xxi.
[108] J. Herrington, R. R. Creech, et al., *The Leader's Journey*, p. 164.
[109] J. Herrington, R. R. Creech, et al., *The Leader's Journey*, p. 164.
[110] H. Rice, *Reformed Spirituality*, p. 88.

y dirigido; otras veces puede surgir como algo espontáneo y sin que se le planifique. Puede hacerse en un lugar de retiros, o puede llevarse a cabo en contacto directo con la naturaleza. Algunos tienen la capacidad de obtener estos momentos de retiro y silencio en su propia oficina, simplemente alejando la silla del escritorio y de la computadora. Estos pueden durar 15 minutos, o pueden durar un día o dos.

Cada persona necesita experimentarlo en diferentes espacios hasta encontrar el lugar que más se le presta. Personalmente lo que más me acomoda es ir a una casa de retiros. Puedo combinar el caminar inmerso en la creación de Dios con algunas representaciones que me ayudan a meditar en el quehacer de Dios a través de la historia bíblica. A veces puedo encontrar esto mismo en un templo vacío.

Tenemos la tendencia a asociar los retiros con monjes y monasterios, y con cierta razón. Tanto Thomas Merton como Tomás de Kempis, por ejemplo, practicaron el silencio y el retiro. Pero ambas disciplinas son también para creyentes comunes y corrientes. Estas disciplinas fueron practicadas también por los puritanos. Rice comenta, "Necesitamos maneras de desarrollar la disciplina del silencio en nuestra vida. Estas disciplinas nos ayudarán a silenciar el ruido interior. Los grandes teólogos puritanos sugerían el uso de los pasajes de las Escrituras como una guía para mantener fija nuestra atención en Dios. También usaron representaciones de escenas bíblicas, las cuales grabaron cuidadosamente en sus Biblias y libros de oraciones".[111] Los puritanos normalmente comenzaban sus estudios de la Biblia dándose primeramente un momento de silencio delante del Señor.[112]

---

[111] H. Rice, *Reformed Spirituality*, p. 89.
[112] Véase: H. Rice, *Reformed Spirituality*, p. 115.

Recientemente participé en un retiro espiritual en Miami. Era un retiro con actividades dirigidas. Distribuíamos el día entre actividades dirigidas y espacios de tiempo para estar en silencio y a solas. En las actividades dirigidas contemplábamos una representación de la Trinidad pintada en el siglo XV. Analizábamos los colores que se emplearon en cada persona de la Trinidad, sus posturas, y algún aspecto de la pintura que nos ayudara a abrirnos. Luego, a la luz de las Escrituras, hablamos de lo que nos decía la pintura. Tengo una pequeña copia de esta pintura en mi oficina, cada vez que la miro, recuerdo los momentos que pasé en ese retiro, momentos que resultaron verdaderamente refrescantes y renovadores para mí. Esto me produce el deseo de repetir esta experiencia vez tras vez, pero siempre con la idea en mente de volver a mi vida y a mi ministerio.

Sin embargo, a lo largo de la historia algunas personas han llevado un tanto lejos la búsqueda del silencio y retiro, separándose de la sociedad y del bullicioso quehacer diario para poder comunicarse con Dios. A estos se les conoció como Padres del desierto, ascetas, o ermitaños, aunque algunos de ellos vivían en comunidades. Pennington explica, "El hombre y mujer del desierto deseaban que la fuerza liberadora del Espíritu tuviera la mayor libertad posible para trabajar en sus vidas. De manera que se apartaban, separándose de las sociedades de este mundo… no se trata de odiar al resto de la humanidad… los padres y las madres mostraron un amor inmenso y verdadero, y un verdadero cariño por las visitas que llegaron a su medio y por los venerables ancianos que había entre ellos, como también por cualquiera que estuviera afligido".[113]

---

[113] Pennington, citado en H. Waddell, *The Desert Fathers,* p. xvii-xviii.

No me veo yendo al desierto para encontrarme con Dios, pero sí admiro a aquellos que lo hacen. Hay que admitir, que algunos se fueron a un extremo, viviendo en el fondo de un pozo, por ejemplo. Sin embargo, la mayoría fueron hombres y mujeres comunes y corrientes cuyo único deseo era tener una relación más cercana con Dios viviendo una vida más sencilla, y estando en paz consigo mismo. Sin duda, podemos aprender unas cuantas cosas de estos hombres y mujeres devotas, eliminando algunas de aquellas "cosas" que hemos acumulado con el tiempo y que se interponen en nuestro camino hacia nuestra plena dependencia en Dios, y tomándonos más tiempo para oír el susurro de su voz en el silencio y en el retiro.

A veces Dios tiene que forzarnos a tener momentos de retiro y silencio aun cuando nosotros queremos mantenernos en movimiento. Sentimos que nuestro énfasis debe estar en el "hacer", pero a veces Dios desea que lo pongamos en el "ser". Es así como Boa dice que, ¡estamos dejando de ser "*seres* humanos" para convertirnos en "*hacedores* humanos"! Tenemos un concepto exagerado de nuestra propia importancia; pensamos que si no estamos encima de todas las cosas en la casa y en el trabajo, rápidamente todo se derrumbará. Pero la siguiente verdad nos golpea el rostro: "Si bien el mundo nos dice que lo que *logramos* determina lo que *somos*, las Escrituras nos enseñan que lo que hacemos está determinado por nuestra identidad en Cristo".[114] Para ser formados espiritualmente, no podemos mantener las agitadas agendas que llevamos. Tenemos que aprender a "ser".

---

[114] K. Boa, *Conformed to His Image,* p. 255.

Me doy cuenta que estoy demasiado ocupado cuando me sorprendo sentado en una reunión, absolutamente cansado, de mal genio y con problemas de concentración. Ahora mismo, mientras escribo este libro, vengo saliendo de unas reuniones que duraron cuatro días en Grand Rapids. Corrí para alcanzar el avión hacia Phoenix (¡sin que hiciera falta porque el vuelo estaba atrasado!) En Phoenix, estuve sentado durante tres días en reuniones. Mientras escuchaba, a ratos mi mente divagaba. Sentado allí me sorprendí divagando mientras enumeraba 17 cosas que debía hacer una vez que volviera a mi oficina. ¡Y eso que no regresaría a mi oficina hasta dentro de diez días! Tenía programado regresar a las 11:15 PM dentro de dos días, para luego conducir por una hora hasta mi casa. A la mañana siguiente, debía salir a las 5:00 AM hacia el aeropuerto para tomar el vuelo que salía a las 7:00 AM hacia Miami, y nada menos que para un retiro espiritual con otros pastores a quienes quería enseñarles acerca de las disciplinas espirituales. ¡Hablando de andar con el estanque vacío! ¿A quién estoy engañando con toda esta actividad? ¿Realmente quiero pasarme la vida corriendo "sin darme el tiempo para sentir el aroma de una rosa"? ¿Quiero acaso que me canten "Estoy bien con mi Dios" en mi funeral, después de haber perdido lo mejor de lo que Dios tenía para ofrecerme, por causa de mi orgullo u obstinada ética de trabajo?

La Biblia nos llama a alejarnos de la rapidez de la vida. Veamos lo que dice el Salmo 127.2: "En vano madrugan ustedes, y se acuestan muy tarde, para comer un pan de fatigas, porque Dios concede el sueño a sus amados". Me pregunto cómo sería mi vida si realmente tomara estas palabras en serio. ¿Me levantaría tan temprano para correr a la oficina o para alcanzar el siguiente vuelo? ¿Estaría sentado hasta tarde en reuniones, o frente al televisor en la casa? ¿Estaría atragantándome con la comida sin disfrutarla, y luego lamentándome por los kilos que le añadí a mi cuerpo? Si realmente creyese en estas palabras, tomaría menos cafeína para mantenerme en movimiento y más tiempo para descansar. Estaría menos preocupado de llenar mi agenda con reuniones y otras actividades, y más dispuesto a dejar algunos momentos para relajarme, aunque sea en la oficina. ¿A quién estoy tratando de impresionar con toda mi prisa y sensación de estar ocupado, corriendo de un avión a otro?, ¿Al líder del equipo?, ¿A mis colegas?, ¿A mí mismo?, ¿A Dios? Si fuera por impresionar a Dios, debería entender que no es esto precisamente lo que Él me está pidiendo. Lo que en realidad Él está diciendo, a mí y a ustedes, es, "Vengan a mí todos ustedes que están cansados y agobiados, y yo les daré descanso" (Mateo 11.28). Veamos lo que ocurrió en una ocasión en que estaba Jesús con sus discípulos: "Y como no tenían tiempo ni para comer, pues era tanta la gente que iba y venía, Jesús les dijo: 'Vengan conmigo ustedes solos a un lugar tranquilo y descansen un poco'. Así que se fueron solos en la barca a un lugar solitario" (Marcos 6.31-32). ¿Ha sentido alguna vez que no tiene tiempo siquiera para comer, o al menos saborear la comida que come? ¿Y que al despertar por la mañana se siente tan cansado como cuando se acostó? ¿Por qué es tan difícil para nosotros decir con el salmista, "Sólo en Dios halla descanso mi alma"? (Salmos 62.1).

No es solo que a Dios no le impresione lo ocupado de mi vida, además estoy perdiendo de vista el hecho de que, como Su hijo redimido, ya tengo su amor. No tengo que hacer ningún mérito para ganar su amor, ¡ya lo tengo!, y Él me invita a que aparte un tiempo para descansar en Su presencia.

Muchos de los que practican estas dos disciplinas han confesado que han sentido temor, temor a lo desconocido, a lo que Dios les pueda revelar; temor de no poder aquietarse al punto de eliminar toda distracción mental; temor de ser "sacados de la rutina" de su actividad diaria mientras buscan estar a solas con Dios; pero el temor más grande que se expresa parece ser el temor a perder el control. Somos como el niño que oró, "Dios, necesito paciencia, ¡pero la necesito ya!" Queremos manejar nuestra espiritualidad. Queremos de algún modo controlar el proceso, sin darnos cuenta de que lo que podemos hacer por nosotros mismos es bien poco. Dios nos invita a participar en el trabajo que Él está haciendo en nuestra formación a través de Su Espíritu y Su Palabra.

Muchos de nosotros nos sentimos tentados en las mañanas a tomar primero nuestra agenda, en lugar de tomar la Biblia. En cierta forma aún pensamos que por el solo hecho de "planear" tendremos el control de lo que pueda pasar durante el día. En lugar de esto deberíamos orar, "Danos hoy nuestro pan cotidiano" y dejar el día en las manos de Dios.

En nuestra formación espiritual es de gran importancia recordar QUIÉN tiene el control, a fin de que no caigamos en el error

> **No es solo que a Dios no le impresione lo ocupado de mi vida, además estoy perdiendo de vista el hecho de que como Su hijo redimido ya tengo su amor. No tengo que hacer ningún mérito para ganar su amor, ¡ya lo tengo!, y Él me invita a que aparte un tiempo para descansar en Su presencia.**

del agricultor rico, quien planificó hasta el último detalle en su vida, calculando los costos de construir más edificios y plantar lo más posible, para encontrarse con que al final del día Dios lo llamaba a dejar este mundo. Nosotros, me incluyo, permitimos demasiado a menudo que nuestra agenda y no la Biblia sea quien guíe nuestro día. Los momentos de silencio y retiro son, entonces, disciplinas que nos obligan a dejar nuestro activismo a un lado con el propósito de calmar las aguas, de modo que, sin interferencia y sin distracciones, estemos en la presencia de Dios. Y créanme, hermanos y hermanas, esto es algo que necesitamos desesperadamente, sea que lo reconozcamos o no. Me gustaría llegar al punto en que las palabras de este antiguo himno celta no solamente fluyan de mis labios sino de lo más profundo de mi ser:

Sé Tú mi visión, oh Señor, de mi corazón;
Nada más que tú, salva
Sé mis mejores pensamientos, día y noche
Caminando, durmiendo, que Tu presencia sea mi luz.

Sé Tú mi sabiduría, y Tú mi única verdad;
Que siempre esté contigo y Tú conmigo, Señor;
Tú mi gran Padre, Y yo Tu hijo;
En mis dudas yo contigo.

En el Salmo 131.2 encontramos algo relacionado con este tema: "Todo lo contrario: he calmado y aquietado mis ansias. Soy como un niño recién amamantado en el regazo de su madre. ¡Mi alma es como un niño recién nacido amamantado!" Observe cómo el bebé se relaja y luego se duerme mientras mama, completamente confiado y satisfecho al descansar arrullado en el pecho de su madre. ¿Cuántas veces fuimos nosotros consolados con el abrazo de nuestros padres cuando éramos niños? ¿Cuántas veces nos dormimos en los brazos de nuestra abuela? No hay nada que haga aflorar más mi instinto paternal, ese aspecto protector y cariñoso en mí, que acurrucar a uno de mis nietos cuando estoy sentado en mi sillón. Me gusta sentir cómo se relaja y se queda dormido. Imagínese cómo se siente Dios cuando nos acercamos a solas y en silencio para descansar en Él.

Me gustaría entonces hablar del retiro analizando tres temas: el retiro como disciplina en sí mismo, el retiro en combinación con la Palabra y la oración, y el retiro en combinación con el silencio.

El retiro en sí mismo

Consiste en separarse de los demás para evitar las interrupciones y distracciones. Hay momentos en los cuales realmente necesitamos separarnos de los demás si queremos un espacio apropiado para pensar, meditar y esperar en Dios sin las naturales interrupciones provenientes de nuestro diario vivir. Esto supone desconectar el teléfono, la radio y la televisión, y alejarnos tanto como sea posible de los demás. No hace falta que nos vayamos a un desierto o a una casa de retiros, pero sí necesitamos limitar nuestro contacto con otras personas.

El retiro y las Escrituras

Cuando el retiro está combinado con la Palabra de Dios, nos permite renovar las verdades que quizás hayamos olvidado, y leer cosas que ni siquiera sabíamos que estuvieran en la Biblia. Sin distracciones, podemos tener tiempo para que la Palabra llegue a ser parte de nosotros. Combinando la lectura con la oración, le pedimos a Dios que ilumine nuestros corazones y mentes a través de Su Palabra.

El retiro y el silencio

Barton describe el retiro y el silencio como "una invitación a entrar en una forma más profunda en una relación de intimidad con Aquel que espera más allá del ruido y el quehacer de nuestras vidas... es una invitación que proviene desde el fondo de su corazón a lo más profundo de nuestro ser".[115]

En la denominación en la que he sido miembro durante los últimos 37 años, es una tradición que muchos de los antiguos templos tengan grabadas las siguientes palabras en alguna pared: "El Señor está en su santo templo; ¡guarde toda la tierra silencio en su presencia!" Por años interpreté mal este versículo pensando que significaba simplemente: "¡Cállate! ¡Deja de conversar, estás en la Casa de Dios!" No obstante, con el tiempo aprendí que en realidad se refiere a una actitud o postura de reverencia frente a Dios. En la misma línea está el mandato de otro versículo del Antiguo Testamento, "Quédense quietos, reconozcan que *yo soy Dios*. ¡Yo seré exaltado entre las naciones! ¡Yo seré enaltecido en la tierra!"

El retiro mezclado con el silencio significa acercarse a Dios en forma reverente. Venir a solas y en silencio delante del Señor denota reverencia. El retiro, el silencio y la oración nos permiten experimentar a Dios de un modo en que no podríamos hacerlo sin aquietarnos.

Esto es lo que parecía decir la placa de yeso que alguien puso en uno de los dormitorios de un instituto bíblico al que asistí después de egresar de la secundaria. La placa decía, "La vida es única y muy pronto habrá pasado; solo lo que se haya hecho por Cristo

---

[115] R. H. Barton, *Invitation to Solitude and Silence: Experiencing God's Transforming Presence* [Invitación a la soledad y el silencio; Experimentando la presencia transformadora de Dios] Downers Grove: InterVarsity Press, 2004), p. 18.

perdurará". Lo que yo entendía era, "¡Trabajen, flojos, porque el tiempo es corto! ¡No te quedes ahí parado! ¡Sal y haz algo por Cristo!" Sin embargo, es en el silencio y en el retiro donde podemos encontrar más fácilmente a Dios, y en donde nuestros corazones están mejor preparados para escuchar su voz; recién entonces estamos equipados, preparados y fortalecidos para "salir".

Pennington escribe, "No podemos librarnos de aquel falso Yo que los valores de este mundo nos animan a crear, o escapar de la propia alienación que marca nuestra vida desde el vientre de nuestra madre y que constantemente se nutre de esta sociedad mundana, a menos que en forma regular busquemos períodos de calma. Esta es la meta de cualquier método de meditación...".[116]

En la medida en que vivimos apresuradamente nuestra vida y pasamos por alto el tiempo necesario para estar en silencio delante del Señor, perderemos rápidamente de vista quién realmente controla todas las cosas, y en el mejor de los casos, nuestra relación con Dios se vuelve intermitente. Esto nos impide cosechar todos los beneficios que podríamos obtener de nuestra relación con el Señor.

Por otra parte, causamos estragos en nuestro cuerpo por falta de descanso, o sobrealimentación (o alimentándonos inadecuadamente con comida chatarra). Como consecuencia, nuestras defensas bajan y nos rendimos más fácilmente frente a la tentación. Nos sentimos débiles y vulnerables, con un bajo nivel de resistencia al mal tanto físico como moral. A menudo somos incapaces de practicar aun las virtudes cristianas, como son la paciencia, la gentileza y la amabilidad hacia los demás. En lugar

---

[116] Pennington, citado en H. Waddell, *The Desert Fathers,* p. xxi.

de eso, presentamos episodios de impaciencia, rabia, frustración, o crítica, hablando mal de otros, o insultándolos. Nos sorprendemos ansiando que lleguen pronto lo que denominamos "merecidas vacaciones", o un tiempo para relajarnos y "ser nosotros mismos". Puesto que advertimos que es esta vida ocupada la que nos impide "ser nosotros mismos". ¿Por qué es que hacemos una y otra vez lo mismo sabiendo que esto no nos dará los resultados que realmente deseamos?

No quiero mirar hacia atrás a una vida llena de remordimientos y "si tan solo hubiera..." Mi trabajo pasará pronto y lo que sea que haya logrado pronto será olvidado. Perdonen que vuelva sobre lo mismo, pero más importante que "hacer" es "ser". Lo que soy en el Señor es más importante que lo que hago para el Señor. Y una de las formas de desarrollar el "soy" consiste en destinar tiempo para aislarme de aquello que me distrae de concentrarme totalmente en Dios. Dios espera que cultivemos las disciplinas del retiro y el silencio a fin de que podamos escucharle. Es como con aquella madre que dice a su hijo hiperactivo, "¡Deja lo que estás haciendo y mírame a los ojos para que puedas oírme!"

Barton interpreta el sentir de muchos de nosotros al escribir, "Somos personas tremendamente ocupadas y versadas en los variados asuntos de la fe. Sin embargo, desesperamos buscando formas de abrirnos a nuestro Dios, quien está más allá de toda agenda o análisis intelectual humano. Con todo nuestro énfasis en la teología y en la Palabra, en el servicio y en el conocimiento, (por importante que éstos sean), desfallecemos privados del misterio, de conocer a este Dios como Aquel que es totalmente Otro y experimentar reverencia en su presencia".[117]

---

[117] R. H. Barton, *Invitation to Solitude and Silence*, pp. 20-21.

Puedo identificarme con Barton. Pertenezco a una tradición eclesiástica que pone un gran énfasis en la teología y en la sana doctrina, es decir, en el "conocimiento". Es una denominación que pone también mucho énfasis en el "servicio", tanto a través de una agencia de ayuda social como a través de los cuerpos de diáconos de las iglesias locales. De hecho, hablamos del "enfoque de vida integral", y de los "ministerios de la Palabra y el servicio" como aspectos inseparables. Pero pregunto, ¿Cuál fue la última vez que me enfrenté a un "misterio"? ¿Cuál fue la última vez en que quedé anonadado y reverente frente a mi Creador? Muchos de nosotros estudiamos la Biblia sin dejar que la Palabra nos toque profundamente. En el retiro y en el silencio podemos experimentar el misterio que tanto añoramos.

Barton nos da una explicación de por qué el retiro y el silencio son tan importantes. "Entrar en el retiro y en el silencio es tomar la vida espiritual en serio. Es tomar en serio nuestra necesidad de silenciar el ruido de nuestras vidas, es detener el constante batallar del quehacer humano, es abstraernos por un tiempo de nuestro estar absortos en las relaciones humanas para dedicar nuestra atención completamente a Dios. En el retiro Dios comienza a librarnos de los lazos que nos atan a las expectativas humanas, puesto que es allí donde experimentamos a Dios como la realidad última, Aquel en quien vivimos, nos movemos y somos. En el retiro, nuestros pensamientos, mente, voluntad y deseos se orientan nuevamente hacia Dios, llegando a estar menos atraídos por las fuerzas exteriores y más sensibles al propósito de Dios.

"El silencio intensifica la experiencia del retiro. En el silencio no solo nos aislamos de las demandas que nos presenta la vida estando en compañía de otros, sino que además permitimos que decante el ruido de nuestros propios pensamientos, luchas y compulsiones, de manera que podamos oír una voz más veraz y más confiable... Es en el silencio en donde normalmente ponemos nuestras agendas y deseos a un lado y quedamos en mejor disposición y capacidad de entregarnos a la amorosa iniciativa de Dios. Es en el silencio que generamos el espacio para la actividad de Dios en lugar de llenar cada minuto con nuestra propia actividad".[118]

Hay momentos en los que puedo realizar mucho más trabajo en mi casa que en la oficina. ¿Por qué? Porque en la oficina hay muchas personas demandando mi tiempo. Hay llamadas telefónicas que interrumpen el silencio. Hay personas que vienen con consultas. Hay correos electrónicos en la pantalla de mi computadora exigiendo que los abra y responda urgentemente. Así es como he llegado a la conclusión de que si realmente quiero tener un buen período de tiempo sin interrupciones para terminar un proyecto o realizar una lectura, tengo que optar por trabajar en mi casa o fuera de la oficina. Del mismo modo, para tener un tiempo con Dios sin distracciones, tengo que aislarme de los demás y estar en silencio delante del Señor permitiéndole hablarme. En otros momentos necesito leer y meditar en la Palabra, y necesito hablar sinceramente con Dios. Por supuesto que también necesito estar con otros creyentes, pero, sin lugar a dudas, necesito este tiempo a solas.

Mi esposa me invitó a acompañarla a la casa de campo de unos amigos en las afueras de Holland, Michigan. Disfrutamos bastante esta ocasión de estar juntos; caminamos, vimos un video y leímos con música suave de fondo. A la mañana siguiente,

---

[118] R. H. Barton, *Invitation to Solitude and Silence*, pp. 34-35.

después de un gran desayuno en casa de nuestros anfitriones, me fui al trabajo, y ellos permitieron a mi esposa quedarse para que pudiera tener un día de retiro en silencio y reflexión, solo ella y Dios. Aun cuando siempre disfrutamos de la compañía del otro, si yo hubiera estado allí no habría sido lo mismo. Simplemente, yo habría sido un factor de distracción.

En la sección llamada "Prácticas", al final de cada capítulo de su libro, Barton nos da buenas ideas de cómo comenzar a establecer estos momentos de retiro y silencio, y qué hacer para alimentar estos momentos. Revise otras ayudas que se ofrecen en la bibliografía y sitios de la Internet sugeridos al final del libro.

Ponga atención a estas últimas citas acerca del retiro y el silencio que hablan en forma poderosa a aquellos que desean iniciarse en esta práctica:

"Prestar atención... significa aprender a escuchar la voz de Dios, lo que puede ser más real que los tonos audibles que nos rodean y acosan durante todo el día, todos los días".[119]

Escuche "el trueno del silencio de Dios".[120]

"Escuche las palabras de Dios en su maravilloso, terrible, gentil, amoroso y sobrecogedor silencio".[121]

"Descanse en el silencio de la presencia de Dios".[122]

¡Amén! ¡Que así sea!

---

[119] K. Anderson y R. Reese, *Spiritual Mentoring*, p. 92.
[120] R. Foster, *Alabanza a la disciplina*, p. 108.
[121] Catherine de Haeck Doherty, *Poustinia: Christian Spirituality of the East for Western Man* [Poustinia: Espiritualidad cristiana del oriente para el hombre del occidente] (Notre Dame IN: Ave Maria Press, 1974), p. 216.
[122] K. Anderson y R. Reese, *Spiritual Mentoring*, p. 88.

Adoración

"Digno eres, Señor y Dios nuestro, de recibir la gloria, la honra y el poder, porque tú creaste todas las cosas; por tu voluntad existen y fueron creadas" (Apocalipsis 4.11). Con esta doxología, entramos a la disciplina de la adoración. Como disciplina, o ejercicio del cristiano, la adoración es algo que no puede ser pasado por alto. Al leer la Palabra, orar y meditar, establecemos una cierta forma de adoración, una adoración privada entre Dios y nosotros. Esto constituye un aspecto de la disciplina de la adoración. Por supuesto, la adoración es también corporativa. Del mismo modo podemos también leer la Palabra y orar en un culto público.

Herrington, Creech y Taylor nos describen así la adoración: "En la adoración, admiramos a Dios celebrando sus atributos. Sea que lo hagamos en forma individual o junto a otros creyentes, la adoración se concentra en la gloria de Dios y en nuestro rol como adoradores suyos".[123]

Rice añade, "A medida que participamos en la adoración, nos abrimos a la dirección del Espíritu Santo de Dios. Al reunirnos con otros creyentes en la alabanza a Dios, al oír la Palabra de Dios, al leerla e interpretarla, al orar y ofrecer nuestras vidas al servicio de Dios, estamos eliminando las barreras y dando acceso a Dios. En forma conciente nos afirmamos en la fuerza de la comunidad de fe. Nos entregamos al poder del estímulo que recibimos de los demás y de la presencia de Dios en Su Palabra predicada, cantada, y representada en los sacramentos... La disciplina de la adoración establece un ritmo de vida. El ejercicio de

---

[123] J. Herrington, R. R. Creech, et al., *The Leader's Journey*, p. 164.

examinar nuestras vidas junto a otros miembros de la familia de la fe es importante para nuestro desarrollo espiritual".[124]

Webber describe la adoración como "un encuentro entre Dios y Su pueblo".[125] Gangel define la adoración como: 1) confirmación, 2) conservación, 3) edificación, y 4) celebración.[126] Es la confirmación y el reconocimiento de quién es Dios. Es conservación por el hecho de que la adoración "conserva y transmite la fe".[127] Es edificación en el sentido de que el creyente alcanza una mejor comprensión de Dios. "La correcta adoración enseña teología". La adoración es la celebración que el pueblo de Dios tiene en conjunto delante de Él. De acuerdo con Gangel, "Estos cuatro componentes, muestran que la adoración es una verdadera disciplina espiritual".[128] Nuestra adoración debe ser tanto individual como corporativa. Como pueblo de Dios nos reunimos corporativamente, pero también le adoramos en el retiro y en el silencio. Más adelante nos indica que la adoración debe resultar en un servicio.

La adoración como servicio da cuenta de un pueblo que permite que Dios trabaje a través de ellos con el propósito de crear una comunidad espiritual. La adoración como servicio incluye la comprensión y aplicación de los dones espirituales

---

[124] H. Rice, *Reformed Spirituality*, p. 188-189.

[125] R. Webber, *Worship old and new* [La adoración tradicional y nueva] (Grand Rapids: Zondervan, 1982), p. 11.

[126] K. Gangel y J. Wilhoit, *The Christian Educator's Handbook*, pp. 113-114.

[127] K. Gangel y J. Wilhoit, *The Christian Educator's Handbook*, p. 113.

[128] K. Gangel y J. Wilhoit, *The Christian Educator's Handbook*, p. 114.

y su rol en el cuerpo de Cristo (Romanos 12.6-8). La unidad, diversidad y mancomunidad de la iglesia, abunda cuando los adoradores sirven y los sirvientes adoran. La aseveración respecto de la adoración en Romanos 11.33-36, va seguida por un llamado a "un culto racional" en 12.1 (RVR), o "una liturgia lógica" ("una adoración espiritual"). El apóstol describe luego la unidad del cuerpo de Cristo ("cada miembro está unido a todos los demás", Romanos 12.5), detalla algunos de los dones espirituales que se requieren en esta adoración de servicio, y explica acerca del estilo de vida integral de una iglesia activa en la adoración y el servicio".[129]

Foster, en el libro *Alabanza a la disciplina*, indica que "la adoración significa experimentar la realidad, tocar la vida. Significa conocer, sentir, experimentar al Cristo resucitado en medio de la comunidad... dejamos a un lado las demandas del día y nos llenamos de adoración interna a Dios. Trabajamos, jugamos, comemos y dormimos, sin embargo, estamos oyendo, siempre oyendo, a nuestro Maestro... Una de las razones por las cuales se debe considerar la adoración como una disciplina espiritual es que ella es una manera ordenada de actuar y vivir que nos coloca de tal modo delante de Dios, que él puede transformarnos".[130]

El concepto de un Dios que nos transforma nos hace regresar a las primeras páginas de este libro. Vimos en Romanos 12.1-2: "*... no se amolden... sino sean transformados...*" El objetivo de las disciplinas espirituales es ayudarnos en nuestra transforma-

---

[129] K. Gangel y J. Wilhoit, *The Christian Educator's Handbook*, p. 112.
[130] R. Foster, *Alabanza a la disciplina*, pp. 172, 176, y 180.

ción. Al presentar este pasaje, McNeil y Richardson escriben, "De acuerdo con Pablo, la adoración es más que un evento; es un estilo de vida de sumisión y auto-negación motivado por el deseo de agradar a Dios... Él nos llama a un estilo de vida de adoración, de manera que ya no seamos 'amoldados... a los patrones de este mundo, sino transformados por la renovación de nuestra mente'".[131]

De modo que la adoración nos ayuda en este proceso de transformación, y debe por tanto ser considerada con toda justicia una disciplina espiritual.

Oseas 6.6 dice, *"Lo que pido de ustedes es amor y no sacrificios, conocimiento de Dios y no holocaustos"*. Demasiado a menudo queremos traer a Dios las cosas puramente periféricas de nuestra fe y no lo profundo. Nos motivamos con los aspectos externos de la adoración en lugar de adorar desde lo profundo de nuestros corazones. Dios capta fácilmente nuestra falsedad. ¿Cuantas veces he participado en el culto "por inercia"? Ha habido ocasiones en que he ido a la iglesia sin un deseo profundo de adorarle. Afortunadamente, es frecuente que en aquellos momentos en que estoy decaído Dios me hable poderosamente a través de los himnos, de una dramatización, o de la predicación de la Palabra. Dios está siempre dispuesto a encontrarse conmigo en la adoración, incluso cuando yo no tengo tanto entusiasmo por encontrarme con él.

Jesús le dice a la samaritana, *"Dios es espíritu, y quienes lo adoran deben hacerlo en espíritu y en verdad"* (Juan 4.24). La adoración requiere nuestro "todo". Debe hacerse en espíritu y en verdad, con franqueza, honestidad y transparencia frente al

---

[131] Brenda Salter McNeil y Rick Richardson. *The Heart of Racial Justice* [El corazón de la justicia racial] (Downers Grove: InterVarsity Press, 2004), pp. 62-63.

Señor. La adoración no puede ser una actuación. Dios nos ve tal como somos, y acepta nuestros débiles esfuerzos por adorarlo si es que lo hacemos sinceramente. Pablo dice a los corintios, "Si, pues, coméis o bebéis, o hacéis otra cosa, hacedlo todo para la gloria de Dios." (1 Corintios 10.31)

En la vida del cristiano todo debe constituir una expresión de adoración. La manera en que vivimos determina que Dios sea o no glorificado. En 1 Pedro 2.12 leemos, "Manteniendo buena vuestra manera de vivir entre los gentiles; para que en lo que murmuran de vosotros como de malhechores, glorifiquen a Dios en el día de la visitación, al considerar vuestras buenas obras."

Debemos adorar y confiar en Dios como nuestro Padre en todo. Calvino escribe, "Mil clases de enfermedades nos molestan a diario… ya el granizo y las heladas nos traen la esterilidad… el hombre fiel contempla, aun en estas cosas, la clemencia de Dios y ve en ellas un regalo verdaderamente paternal. Aunque vea su casa desolada por la muerte de sus parientes, no por eso dejará de bendecir al Señor… sea que vea sus cosechas destruidas por las heladas o por el granizo, y con ello la amenaza del hambre, aun así no desfallecerá ni se quejará con Dios; más bien permanecerá firme en su confianza… sea que le oprima la enfermedad, tampoco la vehemencia del dolor quebrantará su voluntad, hasta llevarle a la desesperación y a quejarse por ello de Dios... En fin, cualquier cosa que le aconteciere, sabe que así ha sido ordenada por la mano de Dios, y la recibirá con el corazón en paz, sin resistir obstinadamente al mandamiento de Aquel en cuyas manos se puso una vez a sí mismo y cuanto tenía".[132] ¡Qué palabras más

---

[132] *Institución*, Libro III, Cap. VII, 10

poderosas! Vengan, adoremos al Dios que nos creó a nosotros y al mundo, entendiendo que, *"Ahora bien, sabemos que Dios dispone todas las cosas para el bien de quienes lo aman, los que han sido llamados de acuerdo a su propósito"* (Romanos 8.28). En esto consiste la adoración profunda, en adorar incluso cuando todo parece ir mal en la vida.

RESUMEN

Hemos considerado las diversas disciplinas que pueden ayudarnos a crecer en nuestra fe, es decir, a ser formados espiritualmente. La adoración fue la última de las disciplinas examinadas. ¿Es usted fiel respecto de reunirse con los demás creyentes? ¿Siente usted la comunión con los demás creyentes mientras adora? Se nos advierte: "No dejemos de congregarnos, como acostumbran hacerlo algunos, sino animémonos unos a otros, y con mayor razón ahora que vemos que aquel día se acerca" (Hebreos 10.25). Preparémonos en tanto se acerca el día en que hemos de rendir cuenta de nosotros mismos, siendo diariamente transformados por el Espíritu de Dios, a través de la lectura y la meditación bíblica, de la oración, del ayuno, del uso de un diario espiritual, del retiro y del silencio, de la adoración individual y corporativa.

PREGUNTAS DE REPASO

1. Explique de qué manera puede ser transformador el mantener un diario.

2. Explique la diferencia entre el retiro y el silencio.

3. Nombre y describa las diferentes formas de retiro mencionadas en este capítulo.

4. Cite cuatro textos bíblicos que hablen de la adoración.

EJERCICIOS

1. Pase un fin de semana de retiro y silencio. Mantenga un diario durante este evento, escribiendo por lo menos tres veces al día. Medite en la Palabra, y ocupe tiempo en la oración y en adoración.

2. Escriba una reflexión de una página respecto de lo que significa celebrar la adoración como disciplina espiritual.

CAPÍTULO 6
LA FORMACIÓN ESPIRITUAL Y LOS ESTILOS DE PERSONALIDAD

Introducción

Hemos descrito las diversas disciplinas espirituales que pueden influir en nuestra formación espiritual. Antes de pasar al tema de la mentoría en la formación espiritual, me gustaría dedicar un tiempo al tema de cómo nuestro estilo (o estilos) de personalidad pueden influir la forma en que vivimos nuestra espiritualidad en la vida diaria.

El test de personalidad de Myers-Briggs

Muchos de ustedes están familiarizados con el test de personalidad de Myers-Briggs. Su propósito es ayudarnos a entender cómo:

- Nos relacionamos con los demás (extrovertido/introvertido)
- Recibimos la información (sensorial/intuitivo)
- Tomamos las decisiones (racional/emocional)
- Ordenamos nuestra vida (calificador/perceptivo)

Este test es ampliamente conocido como la Indicación de Tipos de Myers-Briggs (apellidos de la madre e hija que hicieron la investigación). Este test clasifica las personalidades humanas en los cuatro diferentes grupos mencionados a continuación, con dos funciones por cada grupo (por ejemplo, extroversión y sensibilidad, etc.) ¡lo cual arroja un total de 16 diferentes personalidades!

¿Cómo explicamos *la introversión* y *la extroversión, la sensibilidad* y *la intuición, el razonamiento* y *el sentir*, y *el juici*o y *el percibir*? Para poder entender completamente estos 16 tipos de personalidad, el test debe ser realizado por alguien capacitado y acreditado. Aun así, estos términos en pares para cada una de las cuatro actividades antes mencionadas (relación con los demás, recepción de la información, toma de decisiones, ordenamiento de la vida) pueden ser explicados en forma sencilla por una mente sencilla como la mía. Vea cada par como polos opuestos.

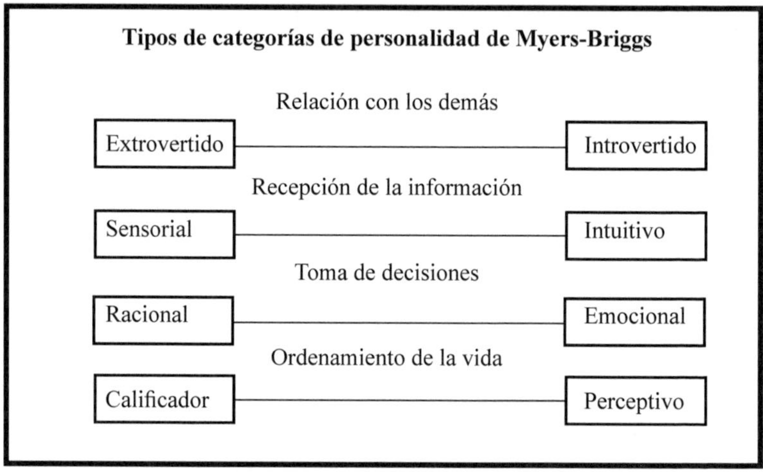

Los extrovertidos son expresivos, sociables, les gusta estar con la gente y en grupos. Reciben su energía estando con los demás. Les gusta trabajar en equipo, y normalmente tienen muchos amigos. La lista de descripciones continúa.

Los introvertidos, por el contrario, prefieren estar solos. No disfrutan estando entre la gente. Normalmente son tranquilos y tímidos. Ellos prefieren los grupos pequeños a las grandes multitudes. Por su deseo de estar solos pueden parecer reservados y distantes. Ellos reciben su energía de su "vida interior".

Los sensoriales tienen sus cinco sentidos fuertemente desarrollados y siempre listos a ser usados. Ellos se ocupan de lo que pueden ver, tocar, escuchar, oler y saborear. En otras palabras, viven en un mundo físico y real. Son aquellos que habitualmente denominamos "con los pies en la tierra", gente práctica.

Los intuitivos, por su parte, viven en un mundo no físico. Su realidad no está en lo que ven, tocan, escuchan, huelen o gustan (sus cinco sentidos); su realidad se basa más bien en un "sexto sentido". Son más abstractos que concretos, más idealistas que realistas, más imaginativos que prácticos.

Los racionales usan la lógica y el razonamiento al tomar sus decisiones. Son seres racionales, al punto que a veces se les considera "fríos". El Sr. Spock de "Viaje a las estrellas" encaja muy bien en esta categoría.

Los emocionales, por su parte, usan sus sentimientos para tomar sus decisiones. Ellos pueden "sentir" lo que sienten los demás, normalmente son apasionados y compasivos. Los racionales ven las cosas con objetividad, los emocionales las ven con subjetividad. Los primeros pueden discernir en tanto los segundos pueden empatizar.

Los calificadores tienden a tomar decisiones rápidas. Son organizados, no les gustan las sorpresas, prefieren la rutina. Pueden ser rígidos y controladores.

Los perceptivos por su parte, tratan de reunir tanta información como sea posible antes de tomar una decisión o dar un plazo. Pueden parecer más descuidados y desorganizados que los calificadores. Son más espontáneos e impredecibles que los calificadores.

¿Puede usted verse en alguno de estos pares? Al combinarlos conforman una combinación de cuatro letras que describe un tipo de personalidad. Así es que a los seres humanos se les puede describir con esta combinación de cuatro letras. Algunos son ESRC (extrovertidos, sensoriales, racionales y resolutivos), en tanto otros pueden ser ISRC, y así sucesivamente. Cada una de estas combinaciones es explicada en términos de las conductas que exhibimos a causa del tipo de personalidad que tendemos a adoptar en un determinado momento. Digo "determinado momento" debido a que a veces en circunstancias diferentes mostramos características diferentes. Además, nuestro tipo de personalidad varía en el tiempo debido a una serie de distintos factores. Keirsey y Bates[133] desarrollaron una clasificación de temperamentos basada en el indicador de tipo de Myers-Briggs. Este ha sido actualizado en *Please Understand Me II*[134] [Por Favor Compréndame II]. Ha habido adaptaciones a estos dos tests para ayudarnos a entender las personalidades espirituales.

Lo que Dicen Otros

Otros libros como el de Tim LaHaye[135] y el de Gary Smalley/John Trent,[136] han sido de bastante ayuda para los cristianos en la comprensión de sus personalidades.

LaHaye observa cuatro tipos de temperamento: sanguíneo, colérico, melancólico y flemático. **El Sanguíneo** es gregario y sociable, el centro de la fiesta. Es popular y conversador. Expresa calidez y atención. Por ser sincero y espontáneo, a veces habla

---

[133] Keirsey, D. y M. Bates (1984). *Please Understand Me: Character and Temperament Types.* [Por Favor Compréndame: Tipos de Carácter y Temperamento] Del Mar CA, Prometheus Nemesis Books.

[134] (Vea http://keirsey.com/pumII.html

[135] LaHaye, T. (1986). *Temperamentos transformados.* Miami, Editorial Unilit.

[136] Smalley, Gary and Trent, John (1992). *The Treasure Tree.* [El Árbol del Tesoro] Nashville: Thomas Nelson Inc.

antes de pensar. Se distrae fácilmente de sus tareas. **El Colérico** es más práctico, más con los pies en la tierra. Se concentra en su trabajo, y se siente bien cuando termina sus tareas, sin importar lo que fuere. Generalmente se convierte en un líder natural y responsable. De una u otra forma va a resolver los problemas de los demás. **El Melancólico** disfruta al trabajar con los detalles. Denle los detalles y estará en la gloria. Es sistemático, analítico y tiende a ser introvertido. Puede trabajar todo un día investigando en las estanterías de una biblioteca sin ningún problema. Puede ser bastante sacrificado. Tiene pocos amigos a quienes demuestra un gran sentido de fidelidad y lealtad. Puede entristecerse y deprimirse. **El Flemático** es agradable y entretenido dentro de un grupo. Vive la vida al máximo. Puede ser relajado y no se enoja fácilmente. Normalmente tiene a todo el mundo con ataques de risa. Generalmente observa las cosas sin involucrarse hasta que siente una explosión de energía que le lleva a comprometerse con algo que cree que vale la pena.

Por supuesto, estos son estereotipos de los cuatro temperamentos. Hablan más de las tendencias que de las verdades del evangelio. Cada uno de estos temperamentos necesita ser puesto bajo el control del Espíritu Santo para poder equilibrar sus excesos. La Haye escribió un segundo libro titulado *Transformed Temperaments* [Temperamentos Transformados]. Este libro da una mirada más profunda a estos cuatro temperamentos utilizando cuatro personajes bíblicos: Pedro el Sanguíneo, Pablo el Colérico, Moisés el Melancólico y Abraham el Flemático.

El libro de Smalley contiene explicaciones un tanto graciosas de las personalidades. Describe cuatro tipos de personalidades representadas por animales: el León, la Nutria, el Perro Perdiguero, y el Castor. Si desea una breve presentación de estos cuatro tipos, vaya a http://www.new-life.net/persnty.htm

Dos libros que son clave en lo relativo a la formación espiritual y tipos de personalidad son el de Mulholland,[137] y el de Thomas.[138] Mulholland tiene la premisa de que nuestra forma de abordar las disciplinas espirituales depende de nuestro tipo de personalidad. Según él nuestra personalidad nos impone un sesgo al considerar las distintas disciplinas espirituales. Por ejemplo, si soy extrovertido, probablemente me sienta más cómodo, y naturalmente atraído, por un culto más expresivo y multitudinario. Tal vez también disfrute de la intimidad que se crea orando en voz alta en un grupo pequeño, ¡pero no me obliguen a ir a meditar a solas! Preocuparnos solo de aquello que nos resulta agradable trae como resultado lo que Mulholland llama "espiritualidad coja". Él advierte, "Los resultados de una espiritualidad coja pueden ser devastadores para el peregrinaje espiritual. Tarde o temprano el lado débil va a demandar que se le entregue la misma dedicación".[139] Necesitamos trabajar en aquellas disciplinas a las que por nuestra naturaleza no prestamos atención, y también necesitamos rodearnos de aquellas personas que tienen una personalidad diferente a la nuestra, a fin de tener una "espiritualidad integral". Recomiendo encarecidamente la lectura de estos tres capítulos del libro de Mulholland.

El enfoque de Thomas es un tanto distinto. El reconoce que tenemos temperamentos diferentes, pero no echa mano a Myers-Briggs como lo hace Mulholland. Lo que él plantea es el reconocimiento de que no existe una espiritualidad única. Más bien nos anima a buscar nuestra propia "senda espiritual", la que él describe como "la forma en que nos relacionamos con Dios y

---

[137] Mulholland, M. R. *Invitation to a Journey*, capítulos 5-7
[138] Thomas, G. *Sacred Pathways*, todo el libro.
[139] Mulholland, M. R., *Invitation*, p. 58.

nos acercamos a Él".[140] Dice además, "La mayoría de nosotros... tenemos naturalmente una cierta predisposición en el modo en que nos relacionamos con Dios, el cual da cuenta de nuestro temperamento espiritual predominante".[141]

Thomas enumera nueve sendas santas o temperamentos espirituales:

- Naturalistas: aman a Dios en contacto con la naturaleza
- Sensoriales: aman a Dios con sus sentidos
- Tradicionalistas: aman a Dios a través de lo ritual y simbólico
- Ascetas: aman a Dios en la soledad y la simpleza
- Activistas: aman a Dios a través de la confrontación
- Caritativos: aman a Dios a través del amor a los demás
- Entusiastas: aman a Dios con el misterio y la celebración
- Contemplativos: aman a Dios a través de la adoración
- Intelectuales: aman a Dios con la mente

Daremos una cita de Thomas para cada uno de estas nueve sendas santas.

Naturalistas: "Estos cristianos creen que la naturaleza proclama claramente, '¡Dios está presente!' Si bien pueden encontrar gran satisfacción en la lectura de las parábolas de Cristo o los Salmos basados en la naturaleza, aprenden más mirando una colonia de hormigas o un apacible lago que leyendo un libro o escuchando un sermón".[142] Ellos disfrutan en contacto con la naturaleza, a la cual Thomas llama "la catedral de Dios".[143]

---

[140] Thomas, G., *Sacred Pathways*, p. 21.
[141] Thomas, G., *Sacred Pathways*, pp. 21-22
[142] Thomas, G., *Sacred Pathways*, p. 22.
[143] Thomas, G., *Sacred Pathways*, p. 36.

Sensoriales: "Los cristianos sensoriales son aquellos a los cuales les gusta quedar perplejos ante la belleza y esplendor de Dios. Se sienten especialmente atraídos por lo litúrgico, majestuoso y grandioso. Cuando estos cristianos adoran, quieren inundarse de visiones, sonidos y aromas que los sobrecojan. El incienso, la arquitectura refinada, la música clásica y el lenguaje ceremonioso elevan sus corazones".[144]

Tradicionalistas: "Los tradicionalistas se alimentan de aquello que normalmente denominamos las dimensiones históricas de la fe: ritos, símbolos, sacramentos y sacrificios. Estos cristianos tienen la tendencia a una vida de fe disciplinada. Puede que algunos de ellos sean considerados legalistas al definir su fe en términos de la conducta. Por lo general, disfrutan de asistir regularmente a los servicios de la iglesia, diezmar, guardar el día de reposo, etc.".[145]

Ascetas: "Todo lo que los ascetas quieren es que los dejen orar a solas. Ellos pueden prescindir de la liturgia, de los asuntos religiosos y del mundanal ruido... Los ascetas viven una existencia fundamentalmente interna. Incluso siendo parte de un grupo de personas parecen aislados de los demás. Generalmente introspectivos, a veces al punto de convertirse en un problema, ellos se sienten incómodos en cualquier ambiente que no los deje "oír el silencio".[146]

Activistas: "Los activistas sirven a un Dios de justicia... Los activistas adoptan causas sociales o evangelísticas, ellos encuentran su hogar en el rudo y anárquico mundo de la confrontación".[147]

---

[144] Thomas, G., *Sacred Pathways*, p. 23.
[145] Thomas, G., *Sacred Pathways*, p. 24.
[146] Thomas, G., *Sacred Pathways*, p. 25.
[147] Thomas, G., *Sacred Pathways*, p. 26.

Caritativos: "Los caritativos sirven a Dios sirviendo a los demás... A estos cristianos les puede parecer egoísta la vida devocional de los místicos y entusiastas. La atención de los necesitados que a muchos de nosotros podría dejar exhaustos, a ellos les renueva las energías".[148]

Entusiastas: "La emoción y el misterio de la adoración son el sustento espiritual de los entusiastas... Estos cristianos son quienes dirigen las barras de Dios y la vida cristiana. ¡Dejen que aplaudan, que griten 'Amén' y que dancen con entusiasmo ... Algo falta si sus corazones no son movidos y no experimentan el poder de Dios. No les interesa conocer los conceptos, sino vivirlos, sentirlos y ser impulsados por ellos".[149]

Contemplativos: "Los contemplativos hablan de Dios como su amado, y en su percepción de Él predominan las imágenes del Padre amoroso y el novio... Su enfoque no está necesariamente en servir a Dios, hacer su voluntad, lograr grandes cosas en Su nombre, o incluso obedecerle. Estos cristianos buscan más bien amar a Dios con el amor más puro, profundo y completo que se pueda tener".[150]

Intelectuales: "Los intelectuales pueden ser escépticos o cristianos comprometidos, pero en ambos casos, les gusta estudiar (eventualmente argumentar en favor o en contra) doctrinas como el calvinismo, el bautismo de infantes, la ordenación de la mujer y la predestinación. Estos cristianos viven en un mundo de conceptos".[151]

Como una forma de evitar que viéndonos en alguno de estos temperamentos justifiquemos continuar con nuestras vidas tal

---

148 Thomas, G., *Sacred Pathways*, p. 27.
149 Thomas, G., *Sacred Pathways*, p. 28.
150 Thomas, G., *Sacred Pathways*, p. 28.
151 Thomas, G., *Sacred Pathways*, p. 29.

como la llevamos, Thomas explica que es importante entender los demás temperamentos, incluso va más allá y dice "todos podemos aprender mucho de la forma en que los demás son alimentados por Dios, se acercan y aman a Dios".[152] Thomas dice además, "Si tiene algún malestar espiritual, puede que todo lo que necesite es un cambio en su dieta espiritual".[153] Al igual que Mulholland, Thomas señala los peligros de ser desequilibrados en la forma de acercarnos a Dios. Necesitamos desarrollar nuestro temperamento espiritual, revisando incluso aquellos aspectos que desde nuestro punto de vista no tenemos. Pueden existir aspectos subdesarrollados que estén impidiendo que alcancemos una mejor sintonía con Dios.

Por supuesto, hay otros libros que pueden ayudarnos a entender estos tipos, temperamentos y senderos espirituales. Goldsmith[154] escribió un libro en donde explora las aplicaciones espirituales del trabajo de Myers-Briggs. De la misma manera, Keating[155] escribió un libro en el que habla de las aplicaciones de Myers-Briggs a nuestra espiritualidad. El suyo es un intento por "armonizar espiritualidad y personalidad", a fin de ayudarnos a superar el hambre espiritual que muchos sentimos por causa de la falta de "alimento" espiritual adecuado. Según Keating, sin la dieta correcta y adecuada correspondencia entre personalidad y espiritualidad, continuaremos siendo "enanos espirituales".

---

[152] Thomas, G., *Sacred Pathways,* p. 30.
[153] Thomas, G., *Sacred Pathways,* p. 30.
[154] Goldsmith, M. (1997). *Knowing Me Knowing God: Exploring Your Spirituality with Myers-Briggs.* [Conocerme Conociendo a Dios: Explorando tu Espiritualidad con Myers-Briggs]. Nashville, Abingdon Press.
[155] Keating, C. (1987). *Who We are in How We Pray* [Quiénes Somos a Través de Cómo Oramos]. Mystic, CT, Twenty-third Publications.

Un trabajo más amplio es el de Kise, Stark y Hirsh,[156] en donde también se ayuda al lector a descubrir sus talentos, dones espirituales, pasiones y valores a través de narraciones, inventarios, tests de autoevaluación y otros ejercicios fáciles. Hirsch ha sido un escritor prolífico. Otros dos importantes libros suyos son *Soul Types: Finding the Spiritual Path that is Right for You* [Tipos de Alma: La Búsqueda de la Senda Espiritual Adecuada][157] y *Looking at Type and Spirituality* [La consideración del Tipo y la Espiritualidad].[158]

Muchos autores sostienen que nuestro tipo de personalidad influye incluso en la forma en que oramos. Bryant[159] escribió un libro acerca de cómo las personas de los diferentes tipos de personalidad plantean la oración, titulado *Prayer and Different Types of People* [La Oración y los Diferentes Tipos de Personas]. Michael y Norrisey[160] publicaron recientemente un libro llamado *Prayer and Temperament: Different Prayer Forms for Different Personality Types* [Oración y Temperamento: Las Distintas Formas de Oración para los Distintos Tipos de Personalidad]. Otro libro que podría ayudar es *Pray your Way: Your Personality and God* [Ora a tu Manera: Tu personalidad y Dios], escrito por Bruce

---

[156] Kise, J., D. Stark, *et al.* (1996). *Life Keys* [Claves de Vida]. Minneapolis, Bethany House Publishers

[157] Hirsh, S. (1998). *Soul Types: Finding the Spiritual Path that is Right for You.* [Tipos de Alma: La Búsqueda de la Senda Espiritual Adecuada] New York, Hyperion.

[158] Hirsh, S. and J. Kise (1997). *Looking at Type and Spirituality.* [La consideración del Tipo y la Espiritualidad] Gainesville FL, Centro de Aplicación de los tipos sicológicos.

[159] Bryant, C. (1983). *Prayer and Different Types of People* [La Oración y los Diferentes Tipos de Personas]

[160] Michael, C. and M. Norrissey (1991). *Prayer and Temperament* [Oración y Temperamento]. Charlottesville VA, The Open Door, Inc.

Duncan.[161] Muchos de los libros que acabamos de mencionar, están disponibles en http://www.capt.org

Sabemos también que nuestra personalidad puede afectar la forma en que adoramos. Veamos por un momento nuevamente lo que dice Myers-Briggs. Aquellos que tienen una capacidad intelectual más desarrollada, probablemente se acomoden mejor en una iglesia que pone el énfasis en la predicación de la Palabra y las enseñanzas doctrinales. Por otra parte, los más emotivos, probablemente se sentirán mejor en un servicio espontáneo, animoso, festivo, en donde se levanten las manos y se oiga "¡Amén!" por todos lados. Los introvertidos encontrarán solaz en la solemnidad de un servicio litúrgico, en una adoración contemplativa, en momentos de silencio para la reflexión. Los extrovertidos buscarán a otros para adorar, ellos van a preferir estar en grupo participando en un culto expresivo, dispuestos a orar en voz alta, tomándose de las manos en el servicio. Los sensoriales anhelan una experiencia de adoración que abarque los cinco sentidos. Ellos quieren una experiencia palpable, olfateable, visible, audible, quieren "saborear" la presencia de Dios. Tal vez esto constituya una simplificación, pero nos da una idea del importante rol que juega nuestro tipo de personalidad en nuestra preferencia por un determinado estilo de adoración. También da cuenta de cómo lo que es adecuado para mí, puede que no sirva a otro. Tal vez Thomas[162] lo explica mejor cuando escribe:

---

[161] Duncan, B. (1993). *Pray your Way: Your Personality and God* [Ora a tu Manera: Tu personalidad y Dios]. Minneapolis, Bethany House Publishers.
[162] Thomas, G., *Sacred Pathways,* (pp. 20-21, itálicas mías).

Desafortunadamente, algunos cristianos tienen la tendencia a cuestionar la legitimidad de cualquier experiencia que no sea de particular interés para ellos.

En lugar de decir, "esto no es para mí", dicen, "esto no debe ser para nadie".

Esto no es distinto de la actitud que tuvo en cierta ocasión mi hija Alison en sus clases en casa, cuando al lidiar con un problema de matemáticas que su madre le había asignado se lamentó, "¡esto es muy difícil, no es justo! ¡De hecho, estoy segura de que es antibíblico!"

Por supuesto que, en lo relativo a las matemáticas no hay nada "antibíblico", pero este mismo ataque es el que usualmente utilizamos al cuestionar las experiencias que tienen otros cristianos, especialmente aquellas experiencias que nos parecen "raras". Me refiero a prácticas "teológicamente neutras". Por ejemplo, a una mujer le puede parecer que el incienso le ayuda a orar, mientras otra puede pensar que usar incienso es algo definitivamente extraño. Ellas pueden ponerse de acuerdo en no estar de acuerdo, sin crear con ello un problema teológico respecto de algo que es una preferencia doctrinalmente neutra en cuanto a la adoración.

Dios nos ha dado diferentes personalidades y temperamentos. Es absolutamente natural que estas preferencias se vean reflejadas en nuestra adoración

Existe el espacio para que cada uno de nosotros exprese su adoración a Dios siguiendo las características con que Él nos hizo. Es así como Thomas escribe, "Toda verdadera senda espiritual tiene a Cristo en su centro, pero estando en Cristo hay muchas formas de expresar la fe".[163] El venerable pastor Abraham Kuyper escribió, "Dios se nos presenta en diferentes formas, Él conoce las necesidades de cada período de nuestra vida y las satisface. Aquellos que tratan de definir una forma única de acercarse a Dios, haciendo que una forma se convierta en la forma, no solo pierden de vista nuestras diferencias individuales, sino que limitan las manos de Dios. Los intentos por universalizar la experiencia cristiana no solo están destinados al fracaso, sino que sencillamente constituyen pecado... Al igual que el sol en los cielos, El Hijo de Dios, trabaja a su modo y en una forma particular en el alma de cada uno de los que atrae a Dios".[164]

Debido a nuestros diferentes temperamentos, si de las disciplinas espirituales se trata, una sola talla NO acomoda a todos. "Debemos resistir la tentación de abordar las disciplinas espirituales cortando todo con la misma tijera o ajustándonos a las experiencias de otros. Para algunos líderes resulta fácil ayunar, en tanto a otros les parece tranquilizador y reconfortador el retiro; otros encuentran lo suyo atendiendo las necesidades materiales de los demás. Las disciplinas espirituales nos ofrecen una diversidad de caminos para ensanchar el horizonte de nuestra vida espiritual e intensificar nuestra experiencia de la gracia de Dios. Aun cuando las disciplinas requieren el ejercicio regular de actividades que no necesariamente serán fáciles o cómodas, no tenemos por qué caminar todos por la misma senda ni hacerlo del mismo modo".[165] Existe un interesante trabajo que toca el tema de la interrelación entre la personalidad y el camino espi-

---

[163] Thomas, G., *Sacred Pathways,* (p. 221).
[164] Kuyper, A. *Near Unto God*, p. 193.
[165] Herrington, *The Leader's Journey*, p. 140

ritual. En *An Ordinary Day with Jesús* [Un Día Ordinario con Jesús], Ortberg y Barton[166] presentan una herramienta evaluadora de opción espiritual que puede resultar de mucha utilidad.

En resumen, Dios ha dado a cada uno de nosotros un tipo de personalidad que se refleja en nuestro temperamento espiritual. "No todos recorren el mismo camino" (Teresa de Ávila);[167] "Dios lleva a cada cual por diferentes vías" (Juan de la Cruz).[168] Este temperamento espiritual se ve reflejado en nuestras preferencias espirituales cuando aterrizamos al campo de las disciplinas, en la forma que escogemos para acercarnos a Dios, para adorar y para orar. No neguemos quiénes somos en la presencia de Dios. Cada uno de nosotros es un ser único al que Él conoce por su nombre. Adorémosle y crezcamos en Él, seamos formados en Él, en Espíritu y en verdad, de acuerdo con la forma en que Él nos creó.

PREGUNTAS DE REPASO

1. Indique los diferentes tipos de personalidad según Myers-Briggs.

2. Enumere los 9 senderos sagrados de Thomas y describa en una frase cada uno de ellos.

3. ¿Existe una forma única de acercarse a Dios para todos los cristianos? Desarrolle su respuesta.

---

[166] Ortberg, J. y R. H. Barton (2001). *An Ordinary Day with Jesus: Experiencing the Reality of God in Your Everyday Life* [Un día Ordinario con Jesús: Experimentando la Realidad de Dios en tu Vida Diaria]. Grand Rapids, Zondervan., pp. 66-90

[167] *Way of Perfection* [Camino a la perfección], p. 242.

[168] *Living Flame of Love* [La llama viva del amor], p. 359.

EJERCICIOS

1. Busque alguna manera de tomar un test de personalidad, como el test indicador de tipos de Myers-Briggs, o el test clasificador de temperamentos de Keirsey, para determinar cuál es la mezcla predominante en su personalidad. Hay un test de Myers-Briggs en el Internet: Vea http://www.fundacion-jung.com.ar/J_Type.htm. Podría buscar a alguien que administra este tipo de test, y pedirle que le ayude con esto. Si no es posible tomar un test, lea con cuidado las explicaciones de este capítulo, y haga su propio análisis de su personalidad. Después, converse con su mentor, o con alguna otra persona que lo conoce bien, y pida su retroalimentación acerca de su personalidad.

2. Analice cómo su personalidad afectará su desarrollo espiritual. ¿Qué aspectos de la espiritualidad resultarían más fáciles para usted? ¿Cuáles serían los más difíciles? ¿Qué le dice esto en cuanto a las correcciones necesarias para equilibrar su personalidad?

3. Escriba en su diario los descubrimientos de esta semana.

CAPÍTULO 7
LA MENTORÍA EN LA FORMACIÓN ESPIRITUAL

Definiendo Mentoría[169]

Antes de poder definir la mentoría espiritual en particular, debemos definir la mentoría en general. Desde tiempos inmemoriales, los seres humanos han utilizado la mentoría en las relaciones personales, relaciones en las que alguien más sabio, habitualmente una persona mayor, traspasa sus conocimientos y habilidades a alguien más joven. En ocasiones a este joven se le denominó aprendiz.[173] Otras veces se le llamó protegido. Hoy le seguimos llamando aprendiz.

La palabra *mentor*[171] viene del poema épico "La Odisea" de Homero. En este poema, Odiseas, el guerrero griego, se embarca para destruir Troya, dejando a su pequeño hijo Telémaco en las capacitadas manos de un esclavo-maestro llamado Mentor. El rol de Mentor era capacitar a Telémaco en las costumbres griegas y ser su maestro y padre substituto. Hoy en día, un mentor es esto y mucho más. Un mentor es un guía (Daloz),[172] una partera (Vogel),[173] un

---

[169] Mentoría= Aunque el término conocido es tutoría en este texto usaremos *mentoría*, para seguir el origen de la palabra Mentor.

[170] Aprendiz= En algunos círculos se ha comenzado a usar erróneamente la palabra "mentado o mentoreado", pero el diccionario de la RAE no lo tiene como término, y por lo tanto no lo usaremos.

[171] Mentor= Término aprobado por la Real Academia Española, aunque quizás poco conocido.

[172] Daloz, L. (1986). *Effective Teaching and Mentoring* [Enseñanza Efectiva y Mentoría]. San Francisco, Jossey-Bass Publishers.

[173] Vogel, L. (2000). "Reckoning with the Spiritual Lives of Adult Educators." *New Directions for Adult and Continuing Education 85* [La Consideración de la Vida Espiritual de los Educadores de Adultos] (Spring): 17-26.

educador, un arquitecto, un entrenador, un pionero, (Taylor, Marienu et al.),[174] alguien que ayuda durante el crecimiento (Elmore),[175] (Shea),[176] o alguien que inspira a otros (Tice).[177] Schein[178] describe al mentor como un confidente, un profesor, un auspiciador, un modelo a seguir, un desarrollador de talentos, alguien que abre las puertas, un protector, y un líder exitoso. Un mentor es todo esto y más. Un dicho popular, un tanto irónico, es el que da John Crosby en el libro de Engstrom, *The Fine Art of Mentoring* [El Delicado Arte de la Mentoría], dice: "La mentoría es un cerebro donde hurgar, un hombro donde llorar, y una palmada en la vida"[179]

Levinson,[180] uno de los primeros educadores de adultos y especialista en mentoría, vio al mentor también en los términos que mencionamos anteriormente, pero lo vio también como un anfitrión, un apoyo moral en momentos de aflicción, y un ejemplo a seguir. Aelred de Rievaulx lo llama "un amigo espiritual".

---

[174] Taylor, K., C. Marienu, *et al.* (2000). *Developing Adult Learners* [Desarrollando el Aprendizaje de Adultos]. San Francisco, Jossey-Bass Publishers.

[175] Elmore, T. (1995). *Mentoring: How to Invest Your Life in Others* [Mentoría: Cómo Invertir tu Vida en Otros]. Indianapolis, Kingdom Building Ministries.

[176] Shea, G. (1999). *Making the Most of Being Mentored* [Obteniendo lo Mejor de la Mentoría]. Menlo Park, Crisp Publications, Inc.

[177] Tice, L. (1997). *Personal Coaching for Results: How to Mentor and Inspire Others to Amazing Growth* [Resultados a Través del Entrenamiento Personal: Cómo Mentorear e Inspirar a Otros para un Crecimiento Sorprendente]. Nashville, Thomas Nelson Publishers.

[178] Schein, E. H. (1978). *Career Dynamics: Matching Individual and Organizational Needs* [Las Dinámicas de la Carrera: El Enlace de los Individuos con las Necesidades Organizacionales]. Reading MA, Addison-Wesley.

[179] Engstrom, T. (1989). *The Fine Art of Mentoring* [El Delicado Arte de la Mentoría]. Brentwood TN, Wolgemuth & Hyatt., p. 43.

[180] Levinson, D. J. (1978). *The Seasons of a Man's Life* [Las Etapas en la Vida del Hombre]. New York, Knopf., p. 98

El siguiente cuadro es un buen resumen de los diferentes roles del mentor según lo hemos descrito hasta ahora:

¿Qué es un mentor?		
Consejero	Profesor	Patrocinador
Protector	Guía	Amigo
Partera	Sostén moral	Desarrollador personal
Animador	Crítico	Modelo a seguir
Oyente	Entrenador	Salvavidas

Stanley y Clinton[181] enumeran cinco características de un buen mentor: 1) habilidad para ver rápidamente el potencial de una persona; 2) tolerancia frente a los errores, etc.; 3) flexibilidad; 4) paciencia, sabe que hace falta tiempo y experiencia para el desarrollo; 5) perspectiva y 6) dones y habilidades que traspasar.

De modo que en una relación de mentoría, el mentor dirige y encamina a una persona más joven, o a un novato, en el desarrollo de su carácter, conocimiento y habilidades. Parks[182] describe esta relación como "una relación intencional, mutuamente demandante y significativa entre dos personas". Daloz,[183] un experto en

---

[181] Stanley, P. and J. R. Clinton (1992). *Connecting: The Mentoring Relationships You Need to Succeed in Life* [Enlaces: Las Relaciones de Mentoría que Necesitas para Alcanzar Éxito en la Vida]. Colorado Springs, NavPress.

[182] Parks, S. D. D. y S. Parks (2000). *The Big Questions, Worthy Dreams: Mentoring Young Adults in Their Search for Meaning, Purpose, and Faith* [Las Grandes Preguntas, Los Sueños Loables: La Mentoría de los Adultos Jóvenes en su Búsqueda de Significado, Propósito y Fe]. San Francisco, Jossey-Bass Inc., p. 127.

[183] Daloz, L. (1986). *Effective Teaching and Mentoring* [Enseñanza Efectiva y Mentoría]. San Francisco, Jossey-Bass Publishers., p xxiv.

entrenamiento de mentores, nos da una interesante descripción de esta relación, la denomina una relación "apasionada y fértil". Shea, alguien muy conocido en esta materia, la llama una "relación de desarrollo, cuidado, compañerismo y ayuda", en donde el mentor "invierte tiempo, experiencia, y esfuerzo en favor de que la otra persona crezca en conocimiento, habilidades y respuestas frente a las necesidades críticas de su vida, de un modo tal que lo prepara para una mayor productividad y obtención de logros en el futuro".[184] Pongamos énfasis en las palabras *desarrollo, cuidado, compañerismo* y *ayuda*. Esta es una relación que supone una inversión por parte del mentor, y no menos de parte del aprendiz. De modo que esta relación debería resultar en mayor productividad y obtención de logros. ¡Imagine los resultados eternos que podría haber si el mentor es un mentor espiritual!

La Mentoría Espiritual

Cuando hablamos de mentoría espiritual, estamos añadiendo una dimensión que no se encuentra en el ámbito secular y profesional de la mentoría. Las descripciones dadas cobran un especial significado cuando se aplican al crecimiento espiritual de una persona.

En la mentoría espiritual estamos tratando con asuntos espirituales, puesto que el Espíritu Santo está presente como un agente activo. Anderson y Reese describen la mentoría espiritual como "una relación triple entre el mentor, el aprendiz y el Espíritu Santo".[185] Estos autores prosiguen describiendo la mentoría

---

[184] Shea, G. (1994). *Mentoring: Helping Employees Reach their Potential* [Mentoría: Ayudando a los Empleados a Alcanzar su Potencial] . New York, American Management Association., (p. 13).
[185] Anderson, K. y R. Reese (1999). *Spiritual Mentoring: A Guide for Seeking and Giving Direction* [Mentoría Espiri-

espiritual por medio de seis elementos que la distinguen:

- Un medio para mejorar la intimidad con Dios
- Una forma de reconocer la actividad presente de Dios en la vida del aprendiz
- Un modelo efectivo en la formación del carácter del aprendiz
- Una forma efectiva de discernir la dirección de Dios
- Una dieta probada en el tiempo para un viaje de fe

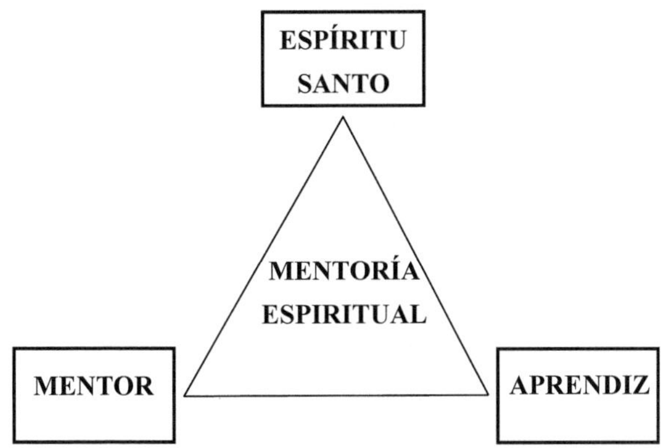

Continúan diciendo, "la formación espiritual ofrece una nutrición más profunda cuando los discípulos son 'aprendices' de un mentor espiritual que trabaja junto al Espíritu Santo de Dios en el desarrollo espiritual ... La mentoría no es un asunto de ha-

---

tual: Una Guía para Obtener y Dar Orientación]. Downers Grove, InterVarsity Press., p. 12, (el capítulo dos lo describe con mayor detalle).

blar, es un asunto de escuchar, de escuchar al Espíritu Santo y a la vida del otro".[186]

English[187] describe la mentoría como una de las estrategias que más contribuyen al desarrollo religioso de un adulto. Clinton define la mentoría espiritual como "una experiencia relacional por medio de la que una persona transfiere poder a otra al compartir los recursos dados por Dios".[188] De acuerdo con la definición de Clinton, la mentoría espiritual requiere una relación entre dos personas, una de las cuales comparte los recursos y experiencias que ha recibido y experimentado de parte de Dios. Proverbios 27.17 nos provee una descripción similar: "El hierro se afila con el hierro, y el hombre en el trato con el hombre". Esta es una buena y concisa descripción de lo que es la mentoría espiritual, a saber, el sacar filo a la fe de un creyente por medio de la relación con otro creyente. De acuerdo con Hendricks, "No hay nada que substituya el conocer y ser conocido por otro ser humano. No hay otra forma de experimentar lo que profundamente deseamos como personas, esto es, ser escuchados, comprendidos, apoyados y valorados. Dios ha puesto en cada uno de nosotros

---

[186] Anderson, K. y R. Reese, *Spiritual Mentoring*, pp. 27-28.

[187] English, L. (2000). *"Spiritual Dimensions of Informal Learning." New Directions for Adult and Continuing Education* ["Las Dimensiones Espirituales del Aprendizaje Informal"]

Mentoría, diálogo y aprendizaje autodirigido son tres maneras no formales de estrategias de aprendizaje que pueden contribuir al desarrollo espiritual de los adultos.

[188] Clinton, R. and P. Leavenworth (1994). *Starting Well: Building a Strong foundation for a Lifetime of Ministry* [Comenzando Bien: La Edificación de un Fundamento Firme para una Vida Ministerial]. Altadena CA, Barnabas Publishers., p. 12.

el deseo de ser reconocidos, de sentir que nuestra vida vale".[189] Anderson y Reese añaden a esta discusión diciendo, "La relación con un mentor espiritual es una de las mejores formas de progresar en el continuo quehacer de la formación espiritual".[190]

La mentoría espiritual, por consiguiente, tiene un rol dentro de la formación espiritual de un individuo. Para algunos, esto puede ser una dirección espiritual, una forma muy directa de mentoría que trataremos en este capítulo. Para otros, la mentoría espiritual es más bien una relación de discipulado entre un experimentado seguidor de Jesús y un nuevo creyente que está siendo recién formado. Para otros, la mentoría espiritual toma la forma de una relación entre pares, entre dos creyentes que estando al mismo nivel se ayudan mutuamente en su formación. Independientemente de las diferentes formas que tome, la mentoría espiritual tiene por meta la continua formación espiritual de un individuo o grupo de individuos, por medio de la búsqueda de que estas personas crezcan en la fe y se enraícen en Cristo. Como lo dice Hendricks, "Un mentor (1) promueve un crecimiento genuino, (2) constituye un modelo a seguir, (3) colabora eficientemente en la consecución de las metas, (4) juega un rol fundamental en las pautas de Dios para el desarrollo, y (5) beneficia a los que están en contacto con el aprendiz".[191]

---

[189] Hendricks, H. and W. Hendricks (1999). *As Iron Sharpens Iron: Building Character in a Mentoring Relationship* [Al Igual que el Hierro Afila al Hierro: La Formación del Carácter en una Relación de Mentoría]. Chicago, Moody Press., p. 24.

[190] Anderson, K. y R. Reese, *Spiritual Mentoring*, p. 27.

[191] Hendricks, H. and W. Hendricks, *As Iron Sharpens Iron*, p. 25.

Algunas Referencias Bíblicas para la Mentoría Espiritual

En los libros históricos judíos de Primera y Segunda de Reyes, Eliseo tuvo la mentoría de Elías (1 Reyes 19.19). Eliseo fue primeramente su sirviente, rol desde el que observó todo lo que Elías decía y hacía. Luego Eliseo le sucedió como profeta (2 Reyes 2.11-15), recibiendo el manto de Elías. En el Nuevo Testamento de los cristianos, Pablo de Tarso, quien fuera conocido anteriormente como Saulo, recibió la mentoría de Bernabé. Hechos 9.26-27 dice, "Cuando llegó a Jerusalén, trataba de juntarse con los discípulos, pero todos tenían miedo de él, porque no creían que de veras fuera discípulo. Entonces Bernabé lo tomó a su cargo y lo llevó a los apóstoles..." Bernabé se convirtió de algún modo en el defensor de Pablo frente a los apóstoles. El versículo 28 dice, "Así que se quedó con ellos, y andaba por todas partes en Jerusalén..." La mentoría espiritual de Pablo continuó por un período de tiempo antes de que saliera en su primer viaje misionero. Raab y Clinton[192] consideran que la mentoría que tuvo Bernabé con Pablo y Juan Marcos fue de vital importancia en la expansión del cristianismo de la iglesia primitiva. Ellos describen a Bernabé como a "un exhortador a cobrar ánimo". Como buen mentor que fue, Bernabé supo cuando desaparecer en las sombras. Catorce años después de recibir mentoría de parte de Bernabé, es ahora Pablo quien está en el rol de liderazgo (Gálatas 2.1). Habiendo aprendido bien sus lecciones, Pablo ahora incluso critica los errores de quien fuera su mentor (Gálatas 2.3-3.1).

---

[192] Raab, L. y B. Clinton (1985). *Barnabas, Encouraging Exhorter: A Study in Mentoring* [Bernabé, El Exhortador Alentador: Un Estudio de la Mentoría]. Altadena CA, Barnabas Resources., pp.6-7.

Por su parte Pablo, fue el mentor de Timoteo. En 1 de Corintios 4.17 Pablo se refiere a Timoteo como "mi hijo"; en 2 Corintios 1.1 como "nuestro hermano;" en 1 Timoteo 1.2 como "mi verdadero hijo"; y 2 Timoteo 1.2 como "mi querido hijo". En Filipenses 2.22, el mentor (Pablo) puede decir de su aprendiz, "ustedes conocen bien la entereza de Timoteo". Luego, 1 Timoteo 1.18-19 constituye un ejemplo de la mentoría de exhortación de Pablo hacia Timoteo. Pablo aconseja a Timoteo, "Lo que me has oído decir en presencia de muchos testigos, encomiéndalo a creyentes dignos de confianza, que a su vez estén capacitados a enseñar a otros" (2 Timoteo 2.2). Elmore[193] sugiere que la mentoría entre Pablo y Bernabé, delinea claramente la forma en que mentores y aprendices se relacionan: Él menciona: (1) la capacidad que tuvo Pablo para ver el potencial de Timoteo; (2) su tolerancia frente a los errores de Timoteo; (3) la flexibilidad que demuestra con las personas en diferentes situaciones; (4) su paciencia con Timoteo sabiendo que iba a madurar con el tiempo; (5) su capacidad para vislumbrar el futuro de Timoteo y ayudarle a verlo; (6) la capacidad para animar a Timoteo a través de sus cartas; y (7) como un buen mentor, su capacidad para proveer a Timoteo de otros recursos. Hendricks y Hendricks[194] también dan un resumen de algunos ejemplos bíblicos acerca de la mentoría.

Estoy seguro que muchos de nosotros hubiéramos querido tener un mentor como Pablo. Mis mentores fueron pocos, sin continuidad, y ninguno del calibre del que tuvo Timoteo. La relación de mentoría existente entre Pablo y Timoteo se presenta en la Biblia como una mentoría *por excelencia*. Algo para ser admirado e imitado.

---

[193] Elmore, T., *Mentoring*, p. 17.
[194] Hendricks, H. and W. Hendricks., *As Iron Sharpens Iron*, pp. 180-181 y 191-192.

Simon,[195] en *Mentoring* [Mentoría], considera la mentoría espiritual a través de varios personajes bíblicos. En esta breve obra, Simon describe la mentoría como una experiencia de compañerismo al mirar los ejemplos de Jetro y Moisés,[196] de Moisés y Josué,[197] de Priscila, Aquila y Apolos,[198] y de Pablo con Juan Marcos.[199] Ve la relación entre Moisés y Josué como una preparación para el liderazgo. En el caso de Priscila, Aquila y Apolos ve una mentoría de crecimiento en la fe. Observa una mentoría de respaldo en la relación entre Bernabé y Pablo. Entre Pablo y Timoteo ve una mentoría de preparación. En la relación entre Demas y Lucas, él ve la mentoría como un proceso tanto de riesgo como de beneficio. La relación entre Pablo y Juan Marcos es vista como un proceso a veces conflictivo, un tema que también se observa como parte de la mentoría.

Jan McCormack,[200] profesor de mentoría en Denver Seminary, presenta varios ejemplos bíblicos de formas de mentoría: Joyadá y Josaba al rey Joás en 2 Reyes 11.1-12.1; Elí y Samuel en 1 Samuel 3; Jilquías al rey Josías en 2 Reyes 22-23; Noemí y Ruth en el libro de Rut; y Elizabeth y María en Lucas 1.39-45.

Como podemos ver, la Biblia está llena de ejemplos de mentoría espiritual. ¡No es que estemos escasos de ejemplos a seguir! De la misma forma, la historia también nos da una serie de ejem-

---

[195] Simon, H. A. (2001). *Mentoring* [Mentoría]. Saint Louis, Concordia Publishing House.

[196] Simon, *Mentoring*, pp. 18-25.

[197] Simon, *Mentoring*, pp. 26-34.

[198] Simon, *Mentoring*, pp. 64-73.

[199] Simon, *Mentoring*, pp. 74-84.

[200] McCormack, J. (2002). *Building Institutional Mentoring Programs* [El Establecimiento de Programas Institucionales de Mentoría]. Conferencia Nacional de Mentoría - Formando a la gente que formará el mundo, Denver Seminary, Englewood CO, Denver Seminary.

plos de mentoría espiritual, desde la iglesia primitiva hasta la época de la Reforma.

Ejemplos Históricos de la Mentoría Espiritual

La iglesia primitiva está repleta de ejemplos de mentoría espiritual. English,[201] nos presenta evidencia histórica respecto de esta mentoría desde los más tempranos documentos. Por ejemplo, a todos aquellos que se recluían en el desierto en el siglo cuarto en Egipto, se les requería tener un mentor espiritual (un guía espiritual). Estos mentores eran conocidos como los ancianos del desierto.[202] English escribe, "A pesar de que no habían sido educados en el sistema tradicional, estos tutores gozaban de una reputación de ser sabios y de usar su sabiduría en su rol de mentores. Del esfuerzo que pusieron estos antiguos monjes por ser consecuentes con las Escrituras y la palabra e integrar esta reflexión en sus vidas provino una fuente fundamental de espiritualidad y santidad."[203] Normalmente el discípulo o aprendiz buscaba a la persona que sería su mentor o anciano. "Habiendo aceptado la responsabilidad, ya sea en forma voluntaria o no, el anciano asumía su rol de mentor con un compromiso absoluto. Una de las tareas más críticas de este tutor (abba-amma) era ayudar a sus discípulos a llevar sus cargas por medio del oír y el aconsejar".[204] El aprendiz tenía también ciertas responsabilidades que cumplir, "comenzando por buscar un guía espiritual compatible. En algu-

---

[201] English, L., *Spiritual Dimensions of Informal Learning*, pp. 27-57.
[202] English, L., *Spiritual Dimensions of Informal Learning*, pp. 28-29.
[203] English, L., *Spiritual Dimensions of Informal Learning*, p. 30.
[204] English, L., *Spiritual Dimensions of Informal Learning*, p. 33.

nos casos tal búsqueda se convertía en una tarea formidable, la cual se complicaba aun más por el hecho de que se esperaba que una vez que los discípulos encontraban al guía, se mantuvieran fieles a él por el resto de su vida. Además, se esperaba que los discípulos del desierto mostraran apertura de corazón revelando sus pensamientos a su director ... La clave del éxito en el proceso de mentoría, estaba en que el mentor y el aprendiz trabajaran diligentemente en el proceso de traspasar la espiritualidad a su vida diaria ... La calidad de discernimiento, en particular, es un aspecto sustancial en el rol de la mentoría porque obliga al mentor y al aprendiz a meditar respecto de cómo está Dios actuando en sus vidas y respecto de cómo están ellos respondiendo a este llamado de Dios en las diferentes situaciones".[205] Una mentoría espiritual similar ocurre en el siguiente siglo entre las mujeres místicas de Helfta, Alemania. "Las vidas de estas mujeres iluminaron las cinco funciones clave de la mentoría: ayudar, aconsejar, animar, apoyar y enseñar".[206] El estudio de las místicas de Helfta de English muestra una sucesión en la mentoría: Mechtild de Hackeborn daba mentoría a Gertrude de Helfta, quien a su vez daba mentoría a varias monjas e incluso monjes.

Corcoran habla de la mentoría espiritual en el siglo doce.[207] En uno de los documentos él describe al mentor como guía espiritual y partera, términos con los que ya hemos descrito al mentor.

Teresa de Ávila, la mística católica, vivió en la España del siglo XVI. Según la historia, Teresa fue mentora tanto de Juan de

---

[205] English, L., *Spiritual Dimensions of Informal Learning*, p. 34.
[206] English, L., *Spiritual Dimensions of Informal Learning*, p. 35.
[207] English, L., *Spiritual Dimensions of Informal Learning*, p. 4.

la Cruz como de Jerónimo Gratián.[208] Teresa misma había sido aprendiz de Pedro de Alcántara.[209] De hecho, no debemos subestimar las contribuciones de Teresa de Ávila y Juan de la Cruz al ministerio de la formación espiritual. Veamos lo que dicen Anderson y Reese, (ambos evangélicos): "Dos de las voces más influyentes en la práctica de la mentoría espiritual son Teresa de Ávila... y Juan de la Cruz…, ellos han influenciado en la espiritualidad cristiana por medio de ayudarnos a comprender los misterios del trayecto de la fe y la importancia de nuestra respuesta en el descifrado de estos misterios".[210]

Weisel escribe también acerca de los maestros Hasidic, quienes funcionaron en su tiempo como mentores espirituales.[211] De modo que la mentoría espiritual posee una larga historia, la cual precede largamente las prácticas de mentoría de los años 1970 y 1980 que ahora conocemos en el contexto laboral y educativo, y que se han convertido en ejemplos habituales de mentoría.

La confrontación en la mentoría espiritual

A fin de que el aprendiz crezca espiritualmente, la mentoría espiritual requerirá tanto de la confrontación como de la rendición de cuentas. Hay por lo menos seis pasajes bíblicos que se relacionan con la confrontación:

(1) 2 Corintios 10.4-5 – "Las armas con que luchamos no son del mundo, sino que tienen el poder divino para derribar fortalezas".

---

[208] English, L., *Spiritual Dimensions of Informal Lear-ning*, p. 3.
[209] English, L., *Spiritual Dimensions of Informal Learning*, pp. 50-52.
[210] Anderson, K. y R. Reese, *Spiritual Mentoring*, p. 103.
[211] Weisel (1998), p. 3.

(2) 1 Tesalonicenses 5.14 – "Que amonesten a los holgazanes, estimulen a los desanimados, ayuden a los débiles y sean pacientes con todos".

(3) 2 Timoteo 4.2-4 – "Predica, persiste, corrige, reprende y anima".

(5) Colosenses 1.28 – "Amonesta (advertir a través de recordar) a las personas".

(6) Tito 1.13 – "Repréndelos con severidad a fin de que sean sanos en la fe".

Mencionamos antes la necesidad que tuvo Pablo de confrontar a su antiguo mentor, Bernabé, e incluso a Pedro, un pilar de la iglesia primitiva. Los textos bíblicos mencionados, hablan de la confrontación como algo común en la iglesia primitiva. Parte de nuestra formación espiritual ocurre mientras somos confrontados por un hermano o hermana en la fe respecto de nuestros defectos, debilidades o pecados. Sea que lo denominemos confrontación, desafío, o llamado de atención frente a la existencia de un problema o falla, estamos llevando a cabo un asunto de suma importancia de la mentoría espiritual en la vida de un creyente. ¿Ha sido usted alguna vez confrontado frente a un error? ¿Creció a través de esta experiencia? ¿Qué ocurrió con aquella ocasión en que tuvo que ser confrontado por dejar las cosas para más tarde? ¿Le ayudó esto a corregirse? Personalmente, pienso que algunos de los mejores momentos de mi desarrollo espiritual sucedieron cuando fui confrontado por algún amigo cristiano. Por aquel tiempo debía rendir cuentas a alguien. Es por esto que creo firmemente en la importancia de los grupos en los cuales los creyentes se reúnen sistemáticamente para rendir cuentas unos a otros. Está también la esposa como una excelente contraparte en la rendición de cuentas. ¿Cómo le va a usted con su cónyuge a este respecto?

Hay algunos ejemplos bíblicos de rendición de cuentas. José consideraba que debía rendir cuentas a Potifar por sus acciones, y por eso no quiso comprometer su integridad con la esposa de Potifar (Génesis 39.8-10). Samuel reprendió a Saúl por tomar entre manos un asunto que no le correspondía (1 Samuel 13.10-11). Natán llamó a David, el rey, a rendir cuenta por sus pecados (2 Samuel 9-10). Timoteo debía dar cuenta a Pablo. Estos ejemplos de la Biblia nos ayudan a ver la importancia de este aspecto en general, y tanto más en una situación de mentoría como la que tenía Pablo con Timoteo (1 y 2 de Timoteo).

Buscando la Voluntad de Dios

Los mentores se sienten muchas veces tentados a guiar al aprendiz más allá de lo que hace falta. La mentoría es antes que todo una búsqueda de la voluntad de Dios. No se trata de crear algo nuevo, sino de revelar lo que Dios ya tiene. No es una actividad que pueda realizarse en forma separada de aquello a lo que Dios está guiando. Anderson y Reese lo describen como "caminar espiritualmente hombro a hombro" en la compañía del Espíritu Santo.[212] Es decir, vemos nuevamente en juego el principio de la triada mentor- aprendiz- Espíritu Santo:

¿Qué es lo que cambia cuando entendemos que es Dios quien toma la iniciativa y nosotros los que respondemos, es decir, que aquello que suponemos haber creado es en realidad nuestra respuesta *a la presencia ya activa de Dios? ¡Cambia todo! El corazón de Dios ha sentido, amado y esperado ya mucho antes de que nosotros llegáramos. Los cánticos de*

---

[212] Anderson, K. y R. Reese, *Spiritual Mentoring*, p. 44.

nuestra alma ya han sido susurrados y cantados en nuestro interior... el trabajo del mentor no es crear, sino advertir, no inventar sino discernir. La mentoría espiritual nos invita a descubrir el lugar santo a nuestro alrededor, invitándonos a poner atención en la presencia ya activa de Dios.[213]

Consecuentemente, Anderson y Reese nos presentan, cuatro "estrategias e implicaciones prácticas" de esta verdad.[214]

- La responsabilidad del desarrollo espiritual debe estar en las manos del Espíritu Santo de Dios, no en las del mentor.
- La iniciativa del desarrollo espiritual está en el corazón de Dios, no en el del mentor.
- El ministerio de la mentoría espiritual es principalmente un ministerio de discernimiento, de atender y percibir, de atender y dar, el crecimiento no se puede generar ni forzar.
- Sin embargo, las estrategias para la formación espiritual pueden incluir una intervención asertiva y vigorosa en la vida de los aprendices, pero siempre atendiendo a la actividad del Espíritu de Dios.

Mentores y Aprendices Espirituales

Anderson y Reese[215] dan una lista de características importantes que tanto mentor como aprendiz deben tener en consideración al iniciar este tipo de relación. Dado que la mentoría espiritual puede tener consecuencias eternas no debe iniciarse con ligere-

---

[213] Anderson, K. y R. Reese, *Spiritual Mentoring*, p. 44.
[214] Anderson, K. y R. Reese, *Spiritual Mentoring*, p. 46
[215] Anderson, K. y R. Reese, *Spiritual Mentoring*, p. 12

za. Al pensar en los errores que cometí en el pasado capacitando líderes para el ministerio, abordo ahora la mentoría espiritual con mayor humildad y temor, humildad frente a la enorme tarea de dar mentoría a otro y temor por saberme mal preparado para esta tarea. Usted y yo debemos tomar en muy en serio lo que Anderson y Reese tienen que decir tanto al mentor como al aprendiz.

Al mentor se le describe como:

- alguien que crea un ambiente hospitalario de confianza e intimidad
- alguien capaz de discernir la presencia ya activa de Dios en el aprendiz
- alguien que reconoce el potencial de las personas
- alguien con experiencia en la espiritualidad y a quien los demás respaldan debido a que lleva una vida digna de imitar
- alguien que procura una vida de verdadera santidad, madurez espiritual, conocimiento bíblico y sabiduría
- alguien que está familiarizado con la oración contemplativa, que sabe escuchar y practica las demás disciplinas espirituales

Guiar a otros en la formación espiritual tiene sentido sólo si como mentor espiritual se tiene lo antes mencionado, y particularmente, si se ha practicado las disciplinas espirituales. ¿Cuántos de nosotros calzamos perfectamente con esta lista? Me imagino que pocos. Tratemos, sin embargo, de ser este tipo de mentores. Los cristianos necesitan este tipo de mentores. Hay demasiado en juego. En un apasionante libro sobre la mentoría espiritual, Biehl escribe, "La mentoría es el puente que conecta, fortalece, y estabiliza las futuras generaciones de cristianos en un mundo crecientemente complejo y amenazador".[216] ¡Verdaderamente cierto!

Matthaei denomina al mentor un "mentor de fe". En ocasiones este mentor de fe opera como mediador. Ella escribe, "Un mentor de fe es un mediador, alguien que se pone entre lo que somos y lo que esperamos ser. Un mediador que nos ayuda a expandir nuestro conocimiento y experiencia en la definición de nuestra identidad, por medio de nuestro crecimiento relacional y desarrollo vocacional y académico. Un mentor de fe es un mediador que facilita conexiones y provee oportunidades para aclarar nuestra relación con Dios, orientar nuestra vida y compartir nuestra fe".[217] Vaya hacia atrás en el tiempo recordando a aquellos que alguna vez le sirvieron como mentores de fe o mediadores espirituales. ¿Existen los que hayan cumplido esta función en su vida?

Al aprendiz se le describe como:

- alguien que desea el crecimiento y la madurez espiritual
- alguien dispuesto a compartir los temas delicado de su vida
- alguien que atiende y respeta las directrices del mentor
- alguien sumiso, fiel, obediente y dispuesto a aprender
- alguien que con su vida desea servir a Dios

---

[216] Biehl, B. (1997). *Mentoring: Confidence in Finding a Mentor and Becoming One* [Mentoría: La Confianza en la Búsqueda de un Mentor y en Ser uno de Ellos]. Nashville, Broadman & Holman Publishers., p. 15.

[217] Matthaei, S. H. (1996). *Faith Matters: Faith-Mentoring in the Faith Community* [Temas de Fe: Fe-Mentoría en la Comunidad de Fe]. Valley Forge: Trinity Press International., p. 76.

En otras palabras, el aprendiz es alguien que desea someterse a la dirección y consejería de alguien a quien él reconoce como más maduro espiritualmente y alguien que camina con Dios. ¿Cuántos de nosotros hemos encontrado al mentor que tiene nuestra confianza como confidente y nuestro anhelo de su dirección y consejo? No muchos, sin embargo, cada uno de nosotros debiera tener una relación de mentoría.

Al comenzar su libro acerca del desarrollo de la fe, Fowler presenta seis preguntas que debe hacerse un aprendiz, o si está guiado por un mentor, seis preguntas que el mentor debe hacer a su aprendiz. A estas preguntas se les denomina "preguntas de fe".[218]

- ¿En qué estás gastando y en qué te estás desgastando? ¿Hacia dónde se dirige lo mejor de tu tiempo y energía?
- ¿A qué causas, metas, ideales o instituciones te estás entregando?
- ¿Qué poder o poderes te aterrorizan en tu vida diaria? ¿En qué poder o poderes descansas y confías?
- ¿Con qué o con quién te has comprometido en la vida? ¿Y en la muerte?
- ¿Con qué persona o grupo compartes los más sagrados e íntimos anhelos para tu vida y la de aquellos a quienes amas?
- ¿Cuáles son los más sagrados anhelos, las más apremiantes metas y los mayores propósitos en tu vida?

---

[218] Fowler, J. (1995). *Stages of Faith: The Psychology of Human Development and the Quest of Meaning* [Etapas de la Fe: La Psicología del Desarrollo Humano y la Búsqueda de Significado]. San Francisco, Harper., p. 13.

Las respuestas a estas preguntas ofrecen tanto al mentor como al aprendiz bastante información respecto de las prioridades que hemos establecido en nuestras vidas. Las respuestas a estas preguntas nos dice mucho acerca de nuestro desarrollo espiritual.

En su prefacio a Anderson y Reese, Houston escribió estas fuertes palabras: "Si usted lamenta la ausencia de un mentor espiritual en su vida, entonces ¡sea uno! Este libro le ayudará a ser lo que ha deseado tener. Esto es lo más noble, es ser más como Cristo".[219]

> **"Tal como un receptor radial es sintonizado a cierta frecuencia, nuestras almas pueden ser sintonizadas para abrirse al máximo a la comunicación con Dios, quien nos irradia constantemente con su revelación" (Benner).**

El desafío

Por tanto, el desafío que todos enfrentamos es estar en una relación de mentoría con alguien a fin de que este mentor y nosotros, crezcamos profundamente en el amor de Cristo y reflejemos su imagen. Debemos buscar a aquellos que pueden ofrecernos mentoría espiritual al tiempo que tratamos ser mentores de otros. Es a través de una relación de este tipo que "el hierro afila al hierro" y, también, llegamos a ser formados en Cristo. La mentoría

---

[219] Anderson, K. y R. Reese, *Spiritual Mentoring*, p. 10.

espiritual es un medio que Dios utiliza para nuestra formación espiritual. Como lo dice Hendricks, "La meta de todo mentor debe ser el crecimiento emocional, social y espiritual... del que recibe su mentoría".[220]

Sea que estemos iniciando nuestro peregrinaje espiritual (discipulado), o más adelante como líderes emergentes (mentoría propiamente tal) o incluso más tarde como ministros o pastores (entrenamiento), necesitamos recibir y entregar mentoría. Nuestra vida en Cristo no está aislada de los demás. Somos parte de una comunidad, del cuerpo de Cristo, de la iglesia. Es a través de este cuerpo que podemos crecer en la fe, ser desafiados, ser confrontados, y rendir cuenta a alguien. Pablo creció debido a la mentoría realizada por Bernabé. Pedro fue desafiado por Pablo cuando fue necesario y necesitó ser confrontado a causa de su legalismo. Juan de la Cruz llegó a ser el amante de Dios que fue debido a que se sometió a la mentoría de Teresa de Ávila. ¿Quién habrá de ser su mentor? Pero más importante aun, ¿quién recibirá su mentoría y llegará a ser el líder que requiere "este mundo crecientemente complejo y amenazante?"

La Dirección Espiritual

La dirección espiritual puede considerarse un nivel más avanzado de la mentoría espiritual. Generalmente va más allá de lo que un mentor habitualmente hace y se refiere principalmente a sintonizar la dirección del Espíritu ayudando al aprendiz a descubrir la voluntad de Dios en forma más profunda. De hecho, Benner la denomina "sintonía del alma".[221] Él explica, "Las personas que buscan a un director espiritual generalmente no son neófitos

---

[220] Hendricks, H. and W. Hendricks., *As Iron Sharpens Iron*, p. 25.
[221] Benner, *Sacred Companions*, p. 107.

en el camino de la vida espiritual. Normalmente han dado grandes pasos en seguir a Cristo y en la vida de fe. Han comenzado a aprender a percibir la presencia de Dios en sus vidas y muchas veces tienen una vida de oración bien desarrollada. Lo que normalmente buscan en un guía espiritual es la *profundización* de estas disciplinas espirituales. Quieren una percepción *más intensa* de la presencia de Dios con ellos".[222] Benner describe la dirección espiritual con una metáfora: "Tal como un receptor radial es sintonizado a cierta frecuencia, nuestras almas pueden ser sintonizadas para abrirse al máximo a la comunicación con Dios, quien nos irradia constantemente con su revelación".[223]

La tarea del director espiritual es poner atención a lo que Dios está diciendo y haciendo en nuestras vidas, para percibir la presencia y acción de Dios en "el diario vivir de la existencia humana".[224] En cierto sentido la expresión *director espiritual* es errónea. Éste no dirige nada, sólo percibe hacia donde puede estar Dios guiando a esta persona y le ayuda a discernir esta dirección en su vida. Recientemente se están usando más ampliamente otros términos. Benner usa la expresión *compañía sagrada* para definir al director espiritual. "Describir a los directores y amigos espirituales como 'compañía sagrada' tiene el propósito de hacernos advertir la forma en que ellos nos ayudan a estar más concientes de la presencia de lo sagrado. El mayor regalo que puede alguien dar a otro es ayudarle a vivir una vida más conciente de la presencia de Dios. Las compañías sagradas nos ayudan a recordar que este es el mundo de nuestro Padre. Ellos nos ayudan a escuchar su voz, a estar concientes de su presencia y a

---

[222] Benner, D., *Sacred Companions*, pp. 107-108, (itálicas mías).
[223] Benner, D., *Sacred Companions*, p. 108.

ver sus huellas mientras caminamos por la vida. Los directores espirituales nos acompañan en un viaje que se hace santo no por la presencia de ellos sino por la presencia de Dios".[225] Otros utilizan la expresión *amigo espiritual*, y "ser el médico de un alma herida".[226] Edwards nos da buenos consejos respecto a cómo escoger a un amigo espiritual.[227] Un tercer escritor (Leech),[228] usa la expresión *amigo del alma*. No obstante, la expresión director espiritual todavía se usa como una "expresión de transición" para entender de qué estamos hablando. Para Benner, la dirección espiritual habla de algo "más estructurado y menos mutuo que una amistad espiritual".[229] Para Margaret Guenther,[230] la dirección espiritual es "el escuchar espiritualmente". A esto también podríamos llamarlo guía espiritual. Cada una de estas expresiones tiene su propio uso y significado, aun cuando muchas veces se intercambian indiscriminadamente.

Si bien no es exclusivo del cristianismo, existe una larga historia de dirección espiritual, algo de lo cual ya hablamos antes en este capítulo bajo la denominación más genérica de mentoría espiritual. Leech comenta sobre una antigua referencia a la necesidad de una dirección espiritual: "San Basilio (330-379) dice

---

[224] Benner, D., *Sacred Companions*, p. 175, (citando a Margaret Guenther).

[225] Benner, D., *Sacred Companions*, pp. 17-18.

[226] Edwards, T. (1980). *Spiritual Friend: Reclaiming the Gift of Spiritual Direction* [Amistad Espiritual: La Demanda del Don de la Dirección Espiritual]. New York, Paulist Press., p. 125

[227] Edwards, *Spiritual Friend*, páginas 105-173

[228] Leech, K. (1977). *Soul Friend: An Introduction to Spiritual Direction* [Amigo del Alma: Una Introducción a la Dirección Espiritual]. San Francisco, Harper.

[229] Benner, D., *Sacred Companions*, p. 17.

[230] Guenther, M. (1992). *Holy Listening: the Art of Spiritual Direction* [El Escuchar Santo: El Arte de la Dirección Espiritual]. London, Darton, Longman and Todd.

a sus lectores que encuentren a un hombre 'que les pueda servir como un muy seguro guía en el trabajo de llevar una vida santa', alguien que conozca 'el camino recto hacia Dios', y nos advierte, 'suponer que uno no necesita consejo constituye gran soberbia'".[231] Véase a Leech[232] si se desea un tratamiento más extenso del tema de la dirección espiritual en el contexto cristiano.

Foster lo dice muy bien cuando llega al tema de quien realmente lleva a cabo la dirección. "El director espiritual ha de señalar al verdadero director espiritual de nuestras vidas, a saber, el Espíritu Santo".[233] O como lo declara Benner, "Él (el Espíritu Santo) es quien inicia y guía el trayecto de los cristianos".[234]

Ruth Haley Barton, una antigua directora de formación espiritual en Willow Creek Community Church, admitió en una ocasión "un profundo anhelo por Dios en medio de un período de mucha actividad religiosa". Ella pregunta, "¿Qué se hace cuando todos los métodos tradicionales de buscar a Dios te dejan con las manos vacías?" ¿Ha sentido esto alguna vez? ¿Se ha sentido vacío a pesar de estar cumpliendo con todo lo que se espera de usted en la vida de la iglesia? Muchos de nosotros estamos aparentemente satisfechos con una vida en la que practicamos lo que yo llamo "accesorios religiosos", como asistir al culto del día domingo, o a las actividades de la semana, pero mantenemos nuestras prácticas espirituales en un nivel muy superficial. ¿Cómo superó Barton esta superficialidad en su vida? Ella se acercó a "alguien que tenía más experiencia en los asuntos del alma". Esta persona era un director espiritual, una persona que

---

[231] Leech, K., *Soul Friend*, p. 37.
[232] Leech, K., *Soul Friend*, pp. 30-85.
[233] Foster, *Alabanza a la disciplina*, p. 185.
[234] Benner, D., *Sacred Companions*, p. 15 y 103-104.

tenía "más experiencia para reconocer las invitaciones que Dios presenta en la vida de los demás y la disposición a apoyarles en una respuesta fiel".[235] A través de la dirección espiritual, la señora Barton aprendió a esperar en el Señor, a estar en silencio frente a Él, una tarea realmente difícil para ella y para muchos de los que hemos sido criados en la ética protestante de trabajo. Esto es especialmente difícil para aquellos de nosotros que estamos "a tiempo completo en el ministerio", quienes vivimos al borde de la culpa por no estar *haciendo* algo. Tomamos demasiado en serio aquello de "pronto la noche viene, tiempo es de trabajar". El director espiritual ayudó a la señora Barton a poner las cosas en perspectiva de manera que ella ministrara con la dirección de Dios y no con la suya. Esta es la meta de la dirección espiritual.

Thomas Merton escribe, "El propósito global de la dirección espiritual es ir más allá de la superficie en la vida de una persona, traspasando aquella fachada de gestos y actitudes con los que se presenta al mundo, y sacar a relucir su libertad espiritual interior, su verdad más íntima, a lo cual llamamos la semejanza a Cristo en su alma".[236] En la mayor parte de su libro *Running on Empty* [Andando con el Estanque Vacío], Anderson habla de sus encuentros con un director espiritual y del importante rol que tuvo esta persona en su formación espiritual.

Anderson explica,

---

[235] Barton, R. H. (2004). *Invitation to Solitude and Silence: Experiencing God's Transforming Presence* [Invitación al Retiro y al Silencio: Experimentando la Presencia Transformadora de Dios]. Downers Grove, InterVarsity Press. Todas las citas p. 28.

[236] Merton, T. (1996), *Oración contemplativa*. Madrid, Editorial PPC., p. 16

Un buen director espiritual tiene el don de ser sensible, de estar presente, y de apoyar a la otra persona en su trayecto espiritual. Un director espiritual hace preguntas dirigidas a ayudar a identificar el sendero correcto hacia el que Dios está guiando a la persona... Nunca nadie ha interferido en mi libertad para discernir por mí mismo. A menudo me siento confundido o desorientado en el camino y siento la necesidad de tener un director que me ayude a reflexionar en lo que trato de discernir ... El Espíritu Santo dirige y guía a cada uno de nosotros, pero no todos escuchamos y obedecemos. En una de sus cartas, San Bernardino expresa abiertamente su firme convicción en la necesidad de una guía espiritual diciendo, "Aquel que se constituye en su propio director se convierte en el discípulo de un necio".[237]

La dirección espiritual ha sido practicada tanto por católicos como por protestantes. Por ejemplo, un jesuita llamado Joan Grou, escribe, "Dirigir un alma es dirigirla en los caminos de Dios, es enseñarle a escuchar la inspiración divina y responder a ella".[238] Agustín es citado diciendo, "Nadie camina sin un guía".[239] Incluso Juan Calvino fue considerado un director del alma.[240] Zwinglio fue conocido por comentar sobre la importancia de recibir el consejo cristiano de parte de un consejero espiritual cuando era necesario. Si bien debemos admitir que la dirección espiritual no fue una práctica común entre los primeros protestantes, encontramos referencias a ella en Martín Lutero,

---

[237] Anderson, F., *Running on Empty*, pp. 143, 147.
[238] Leech, K., *Soul Friend*, p. 68.
[239] Leech, K., *Soul Friend*, p. 41.
[240] Anderson, K. y R. Reese, *Spiritual Mentoring*, p. 41.

Bucero, e incluso Calvino. Edwards explica, "No creo que la escasez de directores protestantes famosos se haya debido a la falta de profundidad espiritual de los protestantes, sino más bien al enfoque que tenían en torno al sacerdocio de todos los creyentes, lo cual suponía una infinidad de personas históricamente anónimas dándose dirección mutua e informal... Un pilar fundamental de la dirección espiritual protestante ha sido la predicación y el trabajo personal con las Escrituras y la oración".[241] Actualmente, sin embargo, encontramos directores espirituales tanto católicos como protestantes, quienes operan en casas de retiros fuera de sus casas o iglesias. Algunos son remunerados por sus servicios, otros no lo son. Algunos tienen título de director espiritual, en tanto otros tienen las habilidades pero no el "título".

La meta en la dirección espiritual, tanto de católicos como protestantes, es convertirse en el tipo de cristiano que siempre se ha deseado. Anderson escribe, "Quiero ir más allá de la superficie y convertirme en la persona que Dios quiso que fuera. Quiero encontrar una forma concreta de vivir mi relación con Dios, una forma que sustente un equilibrio e integración entre intelecto y emociones, trabajo y tiempo libre, oración y juego, responsabilidad profesional y vida personal. La dirección espiritual me ha puesto en mayor contacto con la realidad y con la presencia de Dios, llevándome a un encuentro mucho más vívido y real con Dios".[242] ¿No es acaso tener un encuentro mucho más vívido y real con Dios lo que cada uno de nosotros desea en el fondo del corazón?

Puede que alguno de nosotros se sienta renuente a buscar dirección espiritual de parte de otro sencillamente por haber escu-

---

[241] Edwards, *Spiritual Friend,* p. 67.
[242] Anderson, F., *Running on Empty,* p. 151

chado de tantos charlatanes en este mundo, gente que ha ejercido poder espiritual y control sobre otros. Vienen a la mente nombres como el de Jim Jones, un líder espiritual que extravió el camino, llevó su congregación a Sudamérica y convenció a todos de suicidarse. Hemos leído también en los periódicos relatos de pastores que se han aprovechado de sus feligreses. Aun así, existe lugar para la dirección espiritual genuina en la iglesia y en la vida del creyente.

Personalmente no he estado en este tipo de relación. Sin embargo, puedo ver cómo el someterse a otro en la forma en que lo hizo Anderson, puede llevar a una gran comprensión de sí mismo y del trabajo de Dios en la vida personal. Hacer esto demanda un alto grado de disposición a rendir cuentas, a ser honesto y a confiar en alguien. De acuerdo con Anderson[243] un director espiritual debe ser alguien que:

- Sea seguro y confiable, capaz de mantener la confidencialidad; alguien que no vaya a emitir juicios frente a aquello que usted revele o frente a las reflexiones que usted comparta.
- Sea humilde y abierto, alguien que esté también "en el camino", quizás varios pasos más adelante que usted.
- Sea paciente y escuche con atención, deje que Dios hable; no se ofenda fácilmente por lo que usted pueda revelar.
- Tenga una personalidad balanceada, no demasiado espiritual ni formal, sino también humano.
- Haga preguntas sabias, preguntas apropiadas para descubrir lo que Dios está diciendo.

---

[243] Anderson, F., *Running on Empty,* pp. 149-150.

▶ Tenga la capacidad de velar por los demás, que camine a su lado y permanezca en esta relación por su bien, en lugar de tratar de satisfacer sus propias necesidades.

¿Puede pensar en alguien que pudiera servirle como director espiritual? ¿Está dispuesto a tomar este tipo de compromiso con otro por el bien de su alma? Y para terminar, siendo la mentoría espiritual algo menos estructurado y más adaptable, ¿está dispuesto a tener una relación de mentoría con alguien? Ambas están destinadas a ayudar a encontrar la voluntad de Dios para su vida y acercarse a Dios con "la mente en el corazón".

PREGUNTAS DE REPASO

1. ¿De qué manera difiere la mentoría de la mentoría espiritual?

2. Haga una lista de siete palabras que describan o definan a un mentor.

3. Explique por qué Anderson y Reese describen la mentoría espiritual como una relación "trina".

4. ¿Por qué es a veces necesaria la confrontación en una relación de mentoría? ¿Cómo se relaciona esto con la rendición de cuentas?

5. Considere la descripción de mentor espiritual dada por Anderson y Reese. ¿Se ve a sí mismo como tal mentor? Explique.

EJERCICIOS

1. ¿Puede pensar en alguien que haya oficiado como su mentor? Reflexione acerca de esto en su diario. ¿De qué manera fue esta persona su mentor? ¿Qué aprendió de su mentor? ¿Cuándo y cómo comenzó esta relación? ¿Cuándo terminó? ¿Por qué?

2. Entreviste a alguien de quien sepa que en este momento oficia de mentor. Averigüe qué cosas han contribuido a establecer esta relación de mentoría y qué cosas han conducido a fracasos.

4. Si no lo ha hecho todavía, busque una persona que esté dispuesta a ser su mentor. Debe ser alguien que usted respeta, y en quien tiene confianza. Debe estar dispuesto a reunirse con usted por una hora cada semana para conversar y orar. La conversación debe ser espontánea, y no mecánica. Sugerimos unas pocas preguntas que el mentor debe hacer al alumno antes de orar:

1) Estudios. ¿Qué ha estudiado esta semana? ¿Hay algo especial que ha aprendido?
2) Familia. ¿Cómo está su familia?
3) Alumno. ¿Cómo está usted en general? ¿Cómo está, espiritualmente hablando?
4) Oración. ¿Cómo podemos orar por usted esta semana?

CAPÍTULO OCHO
OBSTÁCULOS EN LA FORMACIÓN ESPIRITUAL

Si incluso teniendo la disposición a practicar las disciplinas espirituales y procurando recibir mentoría vemos que el crecimiento no llega, o llega tras grandes esfuerzos y en pequeñas dosis, probablemente es a causa de que a menudo ponemos obstáculos delante de nosotros que nos impiden ser formados espiritualmente. Si a pesar de todas nuestras buenas intenciones no parece haber crecimiento, generalmente, es porque, consciente o inconscientemente, hemos puesto barreras espirituales. En nuestro estudio hemos identificado al menos cinco obstáculos que inhiben el crecimiento, si es que no lo impiden del todo.

Obstáculo N° 1: Adorar la Creación

Al comenzar mencionamos como es que muchos cristianos encuentran a Dios en la naturaleza; ellos ven a Dios al caminar por los campos, al observar una noche estrellada o al contemplar el diseño maravilloso de una flor. El salmista escribió: Los cielos cuentan la gloria de Dios, el firmamento proclama la obra de sus manos". Pablo escribe en Romanos: "Porque desde la creación del mundo las cualidades invisibles de Dios, es decir, su eterno poder y su naturaleza, se perciben claramente a través de lo que él creó". La presencia de Dios es evidente en la naturaleza que nos rodea. Es como salir a dar un paseo sobre la nieve recién caída en una fría mañana de invierno y ver que hay pisadas por todas partes. ¡Dios ha dejado sus huellas por toda la creación!

No obstante, aun cuando contemplamos a Dios en la naturaleza, existe el peligro de adorar lo *creado* y no al *Creador*, alejándonos de Dios y cayendo en la idolatría. A las generaciones primitivas les ocurrió esto muy a menudo. Desarrollaron una teología, una visión del mundo, en que la que identificaban a Dios con su creación. A esto se le denominó *panteísmo* (pan=todo; theos=Dios). Su lema era "Dios está en todo y todo es Dios". Esta filosofía panteísta aparece actualmente en la adoración de la "Madre Tierra" o "Tierra Madre". Esto resulta común en las religiones de los pueblos americanos originarios y en el movimiento de la Nueva Era. A continuación una cita de uno de los sitios en la internet que representan esta filosofía:

"Sanar la tierra no tiene que ver con sanar a un ser más vasto que nosotros mismos. Es sanarnos a nosotros mismos. Todos nosotros, junto a animales, plantas, minerales, líquidos y gases, somos un ser planetario colectivo. Todos nosotros podemos ser parte de esta sanidad y al serlo, contribuimos a la sanidad de la Madre Tierra. Todo lo que hace falta es su conciencia, que dirija su atención a la sanidad" *(Sanando la tierra, 2004).*

Advierta en este párrafo cómo nos hacemos uno con la naturaleza y cómo ésta es adorada por sobre Aquel que la creó.

En un lenguaje más científico otros hablan de Gaia. Un sitio en la internet declara que la tierra está viva, respirando, volviendo a los tiempos antiguos en los que Gaia se devoró a sí misma. Muchos de estos sitios tienen enlaces para orar mantras por Gaia, como también lectura síquicas y otros sitios que promueven el panteísmo como una religión científica. En uno de estos sitios se cita a Gorbachev, el exlíder de la Unión Soviética, diciendo,

"Creo en el cosmos. Todos nosotros estamos unidos al cosmos. De manera que la naturaleza es mi dios. Para mí, la naturaleza es sagrada, los árboles son mi templo y los bosques mis catedrales" (Forest Elementals, 2004).

En otro sitio, el que escribe plantea:

¿Le parece a usted imposible creer en seres sobrenaturales, y difícil concebir la idea de que exista algo más digno de reverencia que la belleza o poder del universo?

Si la respuesta a estas preguntas es sí, entonces se sentirá en casa en el Movimiento Panteísta Mundial. Nuestra preocupación y enfoque de celebración va más a la naturaleza que a lo sobrenatural, hacia aquello que podemos ver, hacer y vivir más que a entidades invisibles que solo podemos imaginar. (Panteísmo 2004).

¡¿Habrá un ejemplo más descarado de adoración de lo creado por sobre el Creador?!

Thomas, quien incluso promueve un enfoque naturalista de la adoración a Dios, advierte, "Dios no está en la naturaleza materialmente, pero su interés por los detalles, su abrumadora creatividad, su meticulosidad y muchísimo más, están claramente presentes al ojo perspicaz. Esto puede resultar intoxicante. Sin la presencia del Espíritu Santo, fácilmente podríamos caer en la mentira idólatra del panteísmo. Pero teniendo una buena doctrina que nos instruya y el Espíritu Santo que nos guíe, podemos apreciar el mensaje que nos da la naturaleza de que 'Dios está presente', sin caer en la herejía del panteísmo".[244] Ignacio de Loyola, fundador de los jesuitas, tuvo una mirada particularmente

---

[244] Thomas, G., *Sacred Pathways*, p. 48.

interesada en reconocer la mano de Dios en todo sin caer en la trampa panteísta. Anderson y Reese escriben, "Ignacio insistió especialmente… en que aprendiéramos a ver a Dios en todas las cosas, a notar la presencia de Dios en cada lugar, a escuchar, ver, oler, tocar y gustar con una nueva conciencia, con un cuidado especial y una percepción más profunda".[245] ¿Estás consciente de la presencia de Dios en todas las cosas sin caer en el panteísmo?

Obstáculo N° 2: Estar Demasiado Ocupado

El segundo obstáculo es algo dramáticamente común entre los cristianos. ¿Cuántas veces hemos dicho, "¡si tan sólo tuviera tiempo!?" ¿Cuántas veces lo ha dicho usted? Esta frase se ha convertido en nuestra excusa recurrente para no tener un momento devocional. No solo la hemos convertido en la principal excusa, sino que la usamos como si se tratara de una excusa legítima. A veces se plantea así: "Estoy tan ocupado en el trabajo del Señor que ni siquiera tengo tiempo para mi propio caminar espiritual". No creo en lo absoluto que Dios se alegre de escuchar algo así, especialmente viniendo de alguien como yo, involucrado a "tiempo completo en el ministerio".

¿Qué opinión nos merecería un médico que jamás toma un libro, jamás practicara sus habilidades quirúrgicas, y jamás leyera sobre los últimos adelantos de la medicina? Lo más probable es que nos cambiaríamos de médico. Como ministros, e incluso como cristianos, lo último que debemos hacer es pasar por alto nuestra necesidad de tener un tiempo a solas con Dios. Sería como suponer que podemos seguir saludables y fuertes a pesar de dejar de comer. Sencillamente no puede ser.

---

[245] Anderson, K. y R. Reese, *Spiritual Mentoring,* p. 144.

No podemos esperar un crecimiento espiritual si no nos damos el tiempo para practicar las disciplinas espirituales, para leer la Palabra, para meditar en la Palabra, para conversar con Dios, para buscarle a solas. Aun en medio de una vida tan ocupada como la que tuvo, Jesús se dio el tiempo para apartarse y estar a solas con su Padre. Así debemos hacer también nosotros.

Hybels[246] escribió un libro sobre el tema de dejar las excusas y apartar tiempo para Dios. Sugerentemente el título es, *No Tengo Tiempo para Orar*. Muchos de nosotros no oramos como debiéramos hacerlo.

Herrington, Creech y Taylor afirman, "Demasiadas personas se sienten fatigadas y espiritualmente vacías. La presión del diario vivir… les roba su vitalidad espiritual".[247] Es por esto que debemos decir, estamos demasiado ocupados para NO orar, para NO leer la Palabra de Dios, para NO meditar, para NO buscar silencio y quietud, para NO adorar a Dios.

Una de las formas de superar este obstáculo consiste en ponernos límites razonables. En un libro titulado *Límites*, Cloud y Townsend,[248] nos llaman a ser disciplinados en nuestros compromisos. Muchas veces nos comprometemos más allá de lo razonable. El subtítulo, "Cuando decir SÍ, Cuando decir NO. Tome el control de su vida", lo expresa muy bien. Necesitamos tomar el control de nuestras vidas en el sentido de no dejar que otras personas o cosas la controlen. Este libro va más allá de

---

[246] Hybels, B. (2001). *No tengo tiempo para orar*. Certeza Unida.

[247] J. Herrington, R. R. Creech, et al., *The Leader's Journey*, p. 3.

[248] Cloud, H. y J. Townsend (2000). *Límites: Cuando decir Sí y cuando decir No; Tome el control de su vida*. Miami, FL, Editorial Vida.

tratar con asuntos de tiempo. Necesitamos establecer toda clase de límites: físicos, mentales, emocionales y espirituales. En cada uno de estos límites tenemos problemas de control de los que necesitamos estar conscientes. Los límites "nos ayudan 'a guardar nuestro corazón con diligencia'. Tenemos que mantener dentro de estos cercos las cosas que nos alimentan, y mantener fuera de ellos las cosas que nos dañan. En una frase, *los límites nos ayudan a mantener lo bueno adentro y lo malo afuera*".[249]

Obstáculo N° 3: Fragmentar la Vida

Tenemos la tendencia a dividir nuestras vidas como si en nosotros hubiera una parte espiritual y otra que no lo es. Pensamos en términos de tipos de tiempo: tiempo para trabajar, tiempo para jugar, tiempo para adorar, como si fuera posible encender y apagar el aspecto espiritual de nuestra vida.

Herrington *et al.* lo explican de esta manera:

"Muchos de nosotros somos muy buenos para vivir nuestra vida en 'compartimientos'. Un compartimiento para la familia, uno para nuestro trabajo. Otro compartimiento se dedica al tiempo de descanso, y otro más a la vida espiritual. Con razón nos sentimos compartimientalizados.

Las disciplinas espirituales trabajan en contra de la tentación de compartimientalizar nuestra vida. Por medio de la oración, del ayuno, de la meditación, del retiro, de la celebración, recordamos la constante y omnipresente cercanía de Dios. En lugar de confinar a Dios a una parte del día,

---

[249] Cloud, H. y J. Townsend, *Límites*, (p. 31).

aprendemos a ver a un Dios que trabaja durante todo el día. En el libro Your God is Too Safe, *Mark Buchanan escribe, "El problema no es que Dios esté distante y necesite ser cortejado o importunado para que se acerque; el problema es que Dios está siempre presente, siempre cerca, y que algunos de nosotros buscamos formas de escapar... Dios no necesita ser invocado, nosotros sí. Necesitamos que se nos haga volver en sí, a estar tan presentes para Dios como lo está Él para nosotros".*[250]

En otras palabras, tanto Herrington como Buchanan, indican la necesidad de "practicar la presencia de Dios". En vez de relegarle a ciertas horas del día o a ciertas secciones de nuestra vida, nuestro ser entero debe reconocer la existencia y presencia de Dios. Usando las palabras del salmista, "Me llenarás de alegría en tu presencia" (Salmo 16.11). Esta alegría era el tema del hermano Lawrence, en su libro titulado *La práctica de la presencia de Dios*, escrito en 1666 por el monje carmelita en París. El hermano Lawrence reconocía que Dios era el Señor de todo. No existe nada que sea tan grandioso ni tan insignificante para quedar fuera del control soberano de Dios. Él está presente a todos los momentos. Un ejemplo de esta práctica se encuentra en lo que se ha llamado Oración del Peregrino:[251]

¡Señor de todos las ollas, sartenes y vasijas...
Hazme santo mientras preparo los alimentos
Y lavo los platos!

---

[250] J. Herrington, R. R. Creech, et al., *The Leader's Journey*, pp. 138-140.
[251] Lawrence, B. (1997). *La práctica de la presencia de Dios*. New Kensington, Whitaker Housee., p. 9

El hermano Lawrence escribió, "El tiempo de los negocios para mí no difiere del tiempo de la oración, y en el bullicio de la cocina, mientras muchas personas me buscan al mismo tiempo para diferentes cosas, tengo a Dios con la misma gran tranquilidad que si estuviera sobre mis rodillas...".[252] Pocos de nosotros alcanzaremos un tan alto grado de "práctica de presencia" como la que alcanzó el hermano Lawrence. Él llegó incluso a decir, "Alejé de mi mente cualquier cosa que pudiera interrumpir mis pensamientos en Dios".[253] Haciendo esto, el hermano Lawrence podía practicar continuamente la presencia de Dios como algo natural. Aprendió a decir, "camino delante de Dios en forma simple, en fe, con humildad y amor, y me ocupo diligentemente en no hacer ni pensar en nada que pueda desagradarle... Y hago de esto mi único quehacer para poder perseverar en Su santa presencia, dentro de la cual me mantengo por medio de una atención simple, y un fervor general por Dios, a lo cual llamo una *presencia real* de Dios; o mejor dicho, una conversación habitual, silenciosa y secreta del alma con Dios".[254] Y continúa diciendo que a veces el gozo de esta conversación es tan grande que no la puede contener dentro de sí. Sin embargo, el hermano Lawrence reconoció la importancia de ir delante de Dios para ser juzgado por él. El hermano Lawrence no se presentó a sí mismo como un santo perfecto, sino como alguien que necesitaba el perdón de Dios. Parte de practicar la presencia de Dios es ir ante él, pidiéndole que nos revele nuestros defectos y pecados. Implore el perdón de Dios, y luego "levántese de sus caídas", para continuar manos a la obra, "con actos de fe y amor".[255]

---

[252] Lawrence, B. *La práctica de la presencia de Dios,* p. 11.

[253] Lawrence, B. *La práctica de la presencia de Dios,* p. 32.

[254] Lawrence, B. *La práctica de la presencia de Dios,* pp. 35-36.

[255] Lawrence, B. *La práctica de la presencia de Dios,* p. 30.

Stevens hace eco de este sentir al escribir, "La vida diaria… es la disciplina espiritual en la cual Dios se reúne con nosotros continua y graciosamente".[256] Continúa diciendo que debemos vivir la vida "en el centro del quehacer cotidiano en lugar de hacerlo en la periferia de retiros y actividades religiosas".[257] Su estudio sobre Jacob, *Down-to-Earth Spirituality:Encountering God in the Ordinary, Boring Stuff of Life* [Espiritualidad con los Pies en la Tierra: El Encuentro con Dios en las Cosas Cotidianas y Tediosas de la Vida], nos ayuda a ver la "cotidianeidad" de nuestro caminar espiritual.

El teólogo holandés Abraham Kuyper representaba el estar en la presencia de Dios, como estar "cerca de Dios". En una de sus meditaciones escribe, "Pero estar cerca de Dios significa vivir vigorosamente en su gracia, de modo que su cercanía permee nuestros sentimientos, nuestras sensaciones, nuestros pensamientos, nuestra imaginación, nuestra voluntad, nuestros actos, y hasta la última palabra que sale de nuestro corazón y nuestra boca".[258]

Warren trata este tema con más detalle en el diario de oración que acompaña el libro *La Vida con Propósito*. Él escribe, "Puedes llevar una conversación continua y fluida con él a través del día, hablando acerca de lo que estés haciendo o pensando *en ese momento*".[259] Esto es lo que Warren llama llegar a ser el mejor amigo de Dios a través de una conversación constante. También

---

[256] Stevens, R. Paul (2003). *Down-to-Earth Spirituality: Encountering God in the Ordinary, Boring Stuff of Life* [Espiritualidad con los Pies en la Tierra: El Encuentro con Dios en las Cosas Cotidianas y Tediosas de la Vida]. Downers Grove: InterVarsity Press., p. 63

[257] Stevens, R. Paul. *Down-to-Earth Spirituality*, p. 12

[258] Kuyper, A., *Near Unto God*, p. 127.

[259] Rick Warren, *La Vida con Propósito; un diario de oración* (Miami: Vida, 2003). Uno de los capítulos se llama "Convirtiéndose en mejores amigos con Dios".

habla de llegar a ser el mejor amigo a través de la meditación constante, que es otra forma de practicar la presencia de Dios. Él explica que realmente no podemos conversar con Dios sin primero *conocerle*, y esto lo hacemos a través de la meditación. "La meditación es muchas veces mal interpretada como algo difícil, un ritual misterioso practicado por monjes y místicos solitarios. Pero la meditación es simplemente pensamiento focalizado, una habilidad que cualquiera puede aprender a usar en cualquier parte".[260]

Además, muchos católicos y teólogos reformados hablan de lo que ellos denominan *coram deo*, "en su presencia". Muchos sitios en la internet mencionan este concepto con más detalle.

En la novela de Bill Myers, *The Face of God* [El Rostro de Dios], el pastor Daniel Lawson se encuentra cara a cara con un terrorista dedicado a la destrucción de los poderes no islámicos. La conversación gira en torno a las similitudes que ambos tienen en su búsqueda de la justicia de Dios. Daniel arriba a una conclusión similar a la que hemos estado considerando…, escuchemos este diálogo

"Ya no busco la santidad de Dios, en lugar de eso busco su presencia.

La boca del hombre se cerró. Apretó la quijada y relajándola dijo. "Estás equivocado. No estás diciendo lo que quieres decir".

---

[260] Warren, *La Vida con Propósito; un diario de oración.*

La respuesta de Daniel fue gentil pero firme. "Sí, lo sé. Y esa es la gran diferencia entre ambas creencias. Yo busco a Dios para que me llene con su presencia. Tú buscas su ley y estás lleno de su ley".

El hombre frunciendo el ceño, dijo "Eso es una blasfemia. Dios no puede habitar en el hombre". Exponiendo calmadamente su punto, Daniel respondió, "Ah, pero lo hizo. Sin duda tú sabes que Cristo declaró su deidad"

"Lo infinito no se puede volver finito"
"Lo hizo una vez, mi amigo. Y cuando lo busco, lo hace nuevamente... ya no en Cristo, sino en mí. Diariamente. Cambiándome. Haciéndome como él. No por medio de sus reglas... sino por medio de su presencia".[261]

Hace 50 años, Munger[262] escribió un libro de bolsillo que todavía se imprime, se llama *My Heart –Christ's Home* [Mi Corazón-El Hogar de Cristo]. Este libro nos dice que tenemos que dejar que Cristo entre en cada cuarto de nuestro corazón, o sea, nuestro "hogar". El corazón necesita estar ocupado, es decir, habitado por Dios. Todo lo demás debe salir para que Dios tome el control. El hermano Lawrence lo expresó en forma similar con esta metáfora, "Sé que para practicar correctamente esto el corazón debe vaciarse de todo lo demás, porque Dios tomará posesión del corazón él solo..., de modo que no va a poder actuar

---

[261] Myers, Bill. (2002). *The Face of God* [El Rostro de Dios]. Grand Rapids: Zondervan, p. 317.
[262] Munger, R. B. (2004). *My Heart-- Christ's Home*. Downers Grove, InterVarsity Press.

ni hacer lo que desea, a menos que lo vaciemos para Él".[263] Nouwen habla en forma similar cuando escribe *El Camino del Corazón*, "Así es que por medio de nuestro corazón entramos al corazón de Dios, quien abarca toda la historia con su amor eternamente creativo y recreativo".[264]

Ha habido otros que también han practicado la presencia de Dios en sus vidas. Otros han reconocido que deben estar en una comunión constante con nuestro Señor. Cuando conduzco a mi oficina sin la compañía de mis amigos, a menudo estoy orando. Mientras me siento protegido de algún posible accidente, agradezco verbalmente a Dios por su presencia y protección. Aunque debo decir que hay ocasiones en que desearía que Dios no estuviera presente, o como lo dice Buchanan, hay veces en que busco la forma de escapar de su presencia por un tiempo. Estos momentos dificultan mucho más el volver estar en sintonía con Dios y el volver a su presencia. Nuestro deseo de compartimientalizar nuestras vidas hace difícil practicar verdaderamente su presencia, por lo tanto esta tendencia interfiere con nuestra continua e ininterrumpida formación espiritual.

Obstáculo N° 4: Vivir con Pecados no Resueltos

No podemos esperar ser espiritualmente formados si continuamos viviendo en pecado. En su primera epístola Juan escribe, "Sabemos que el que ha nacido de Dios no está en pecado" (1ª Juan 5.18). En su tercera epístola Juan escribe a su amigo Gayo en relación con su alegría porque "dieron testimonio de tu fidelidad

---

[263] Lawrence, B. *La práctica de la presencia de Dios,* pp.43-44.
[264] Nouwen, H. (2003). *El camino del corazón.* Buenos Aires, Editorial Guadalupe., p. 76.

y de cómo estás poniendo en práctica la verdad" (3ª Juan 1.3). En ambos versículos, el énfasis está puesto en la acción continua del verbo. De la misma forma en que Juan se regocija por el continuo caminar en la fe de Gayo, nos recuerda también que ningún creyente debe continuar viviendo una vida llena de pecado. Vamos a tener pecado, no creemos en una doctrina de perfección mientras estemos en esta vida mortal, pero sí debemos alejar de nosotros el pecado para que Dios pueda trabajar en nosotros.

Puede que algunos de ustedes vivan en lugares donde el clima es helado y hay mucha nieve. Cuando niño viví en un lugar así. Ahora que ya pasé los 50 años, nuevamente estoy viviendo en un lugar en donde los inviernos son muy helados. Recuerdo que cuando era niño, mi madre me abrigaba antes de salir. Nos ponía ropa interior térmica, luego camiseta, pantalones para la nieve, chaqueta, gorro, guantes y finalmente las botas. Cuando por fin ella terminaba, yo apenas podía caminar. Me sentía torpe con toda esa ropa encima. Cuando regresaba de jugar en la nieve, me sacaba una por una toda esa ropa hasta sentirme completamente libre para poder correr por la casa. Nuestras vidas están cubiertas por capas de pecado que necesitan ser removidas para estar ligeros y abrirnos a recibir la presencia de Dios, la cual continuamente nos llena y alimenta. Pero muchas veces queremos volver a ponernos esas capas de ropa. Esto retarda nuestro crecimiento espiritual; inhibe nuestras posibilidades de recibir de parte de Dios. Nuestro deseo de continuar viviendo en el pecado o nuestra falta de voluntad para tratar con pecados no resueltos, nos impide disfrutar de todo lo que Dios tiene para darnos. Esto se convierte en un obstáculo para nuestro desarrollo espiritual.

Obstáculo N° 5: Sustituir el cuidado del alma por el ministerio

Pasé casi dos décadas como misionero en Centroamérica. Durante ese tiempo me sentí atrapado en el ministerio. Tenía que escribir sermones, visitar personas, asistir a reuniones, dar clases. Aparte de todo esto, por un tiempo serví como director de misiones para toda Centroamérica. Esto me obligaba a salir de casa para visitar a otros misioneros, a otras iglesias, asistir a otras reuniones, reunirme con otras personas. Por lo general, me encontraba agotado física y emocionalmente. Muchas veces me sorprendí haciendo el quehacer del ministerio por mis propios medios. En otras palabras, estaba más interesado en *hacer* que en *ser*. Estaba más comprometido con desarrollar un ministerio en nombre de Cristo que con el desarrollo de mi carácter, es decir, con "ser conformado a la imagen de Cristo".

Mis momentos con Dios eran breves y generalmente esporádicos. Me di cuenta además que no era el único que hacía esto. A medida que visitaba a otros misioneros, escuchaba la misma queja. Hoy, después de 15 años las cosas no han cambiado mucho. Sigo ocupado en el ministerio, y al igual que mis colegas, veo mi vida tan ocupada como antes. Hemos estado tan ocupados cuidando las almas de los demás que muchas veces hemos descuidado la propia. ¡Hemos permitido que las experiencias espirituales sustituyan la verdadera espiritualidad! Es así como escribir este libro ha resultado tan terapéutico para mí como edificante para usted. Tenemos que hacer juntos el pacto de NO permitir que el ministerio sea nuestro dios. Necesitamos comprometernos a NO permitir que el ministerio tenga prioridad por sobre el cuidado de nuestra alma. Es así como Nouwen, sugiere que en la medida que cuidamos nuestras almas y practicamos vivir en la presencia de Dios, nuestro ministerio se hace más fructífero. "Y antes de que digamos una sola palabra, el Espíritu de Dios, orando en nosotros, hará notoria su presencia y reunirá a las personas en un nuevo cuerpo, el cuerpo de Cristo mismo".[265]

Anderson comparte su frustración frente a una vida tan ocupada. Él lo llama "andar con el estanque vacío". Confiesa, "Mi vida estaba llena de cosas que hacía por Dios en vez de buscar la intimidad con Dios. Había perfeccionado el arte de estar ocupado pero había descuidado en el arte de estar quieto... Tenía confianza en mis habilidades para hacer el trabajo de Dios, pero era incompetente cuando se trataba de dejar que Dios trabajara en mí... La sola idea de estar a solas con Dios era suficiente para tenerme ocupado con las demandas del ministerio... Mi alma se estaba desangrando".[266] ¿Se ha sentido así alguna vez? Yo sí. Puedo recordar las múltiples ocasiones en que, estando en Costa Rica, conducía a toda velocidad y me sentía igualmente atrasado en mis quehaceres. Iba de una entrevista a otra, de una reunión a otra, de una visita pastoral a otra, exhausto, casi como un zombi, vacío y llevado por el piloto automático. Aun así, me decía a mí mismo, "¡Estás haciendo el trabajo de Dios"! Lo más triste es que veía a muchos de mis colegas misioneros hacer lo mismo. Frazee nos advierte en *Making Room for Life* [Creando Espacio para la Vida], "La vida de aquellos que buscan su identidad a través del trabajo, (en vez de dar expresión a su identidad a través de su trabajo), llega a ser tan penosa como la del perro que mendiga los restos de comida alrededor de una mesa. Es un objetivo realmente vergonzoso".[267] ¡Ay, qué manera de hurgar en la herida!

---

[265] Nouwen, H., *El camino del corazón*, p. 73.
[266] Anderson, F., *Running on Empty*, pp. 5-6.
[267] Frazee, Randy (2003). *Making Room for Life: Trading Chaotic Lifestyles for Connected Relationships* [Creando Espacio para la Vida]. Grand Rapids: Zondervan., p. 119

Supe solo de un misionero que buscaba "dar espacio a Dios" estudiando un maravilloso libro titulado *Space for God* [Espacio para Dios].[268] Este autor también escribió un libro acerca del descanso del shabbat.[269] Recuerdo haberlo mirado de reojo preguntándome por qué estaba dándose tiempo para estos ejercicios cuando había sido llamado al ministerio. Tal vez sentía culpa y envidia. Tenía lo que Anderson describe como DAAD, es decir, Déficit Atencional A Dios.[270]

Si me preguntan por qué estaba tan ocupado "ejerciendo el ministerio" en lugar de estar aprendiendo a "estar" en la presencia de Dios, probablemente no sabría qué responder. Puede que haya habido una razón sicológica del tipo de la mencionada por Anderson. Puede que haya estado tratando de agradar a Dios para compensar las falencias que había en mi vida espiritual. Siempre he sentido que no soy el favorito y que tengo que hacer sobreesfuerzos para ser reconocido. Independientemente de los logros u honores alcanzados, siempre me he sentido algo inferior, en parte debido a mi "falta de estatura". En su psicoanálisis Anderson escribe, "Mi naturaleza defectuosa insiste en creer que la aceptación, amor y cuidado de Dios por mí son proporcionales a mi nivel de actividad por Él. Este sistema de creencia, esto es, mientras más hago por Dios más Él me ama, ha condicionado mi actividad más que cualquier otra cosa, y de paso, ha puesto mi alma al borde de la desnutrición".[271] Recomiendo encarecidamente el

---

[268] Postema, D. *Space for God* [Espacio para Dios]. Grand Rapids, CRC Publications.
[269] Postema, D. (1997). *Catch Your Breath: God's Invitation to Sabbath Rest* [Recupera el Aliento: La Invitación de Dios al Descanso Sabático]. Grand Rapids, CRC Publications.
[270] Anderson, F., *Running on Empty,* p. 146.
[271] Anderson, F., *Running on Empty,* p. 37.

libro de Anderson. La contratapa lo dice todo: "Aprender a vivir con Dios en lugar de vivir para Dios... puede cambiar la fatiga y la falta de productividad por el cálido abrazo del imperturbable amor de Dios".

Con los años he adquirido la práctica de ser mentor de líderes emergentes. Lo hice en Nicaragua, lo repetí en Costa Rica, y lo he hecho después que regresé a los EEUU. Sin embargo, he encontrado que mucho de mi mentoría ha sido sin contenido. Llevado por la inercia y sin preocuparme demasiado de mi propia alma, he tenido muy poco que ofrecer. Johnson y Ridley hicieron una investigación académica relativa a la mentoría que consideró más de un millar de publicaciones en torno al tema, en las áreas de educación, sicología y administración de negocios. Uno de sus hallazgos fue este: "Los mentores que se descuidan a sí mismos, pueden llegar al punto en el que ya no puedan cuidar de sus aprendices... Los mentores de largo aliento son aquellos que atienden sus necesidades personales y practican sistemáticamente la auto-superación".[272]

No permita que el ministerio se convierta en un obstáculo para su propio crecimiento espiritual. Va llegar el momento en que ya no tenga más que dar debido a que ha hecho todo en sus propias fuerzas. De hecho, su quehacer espiritual puede ser de naturaleza carnal debido a una falta de espiritualidad. Tómese el tiempo para atender su alma, medite en la Palabra de Dios, tome tiempo para apartarse y escuchar en silencio la voz de Dios, ore y ayune en la medida que Dios se lo pida, adórele y celébrele, a Él y la vida que Él le ha dado. Luego, habiéndose renovado y reener-

---

[272] Johnson, W. B. y C. R. Ridley (2004). *The Elements of Mentoring* [Los Rudimentos de la Mentoría]. New York, Palgrave MacMillan., p. 91.

gizado, "¡vaya a todo el mundo!", ¡¡¡pero no lo haga antes de esto!!!

Obstáculo N° 6: Retirarse en Vez de Avanzar

Siempre quise ser un espeleólogo, una de aquellas personas cuyo hobby consiste en entrar en profundas y oscuras cuevas con un casco con linterna para buscar estalactitas y estalagmitas. Aunque nunca practiqué este hobby, leí bastante sobre el tema. Recuerdo haber leído en un libro acerca de una salamandra albina que pasó toda su vida en la oscuridad. Sus ojos ya no funcionaban y perdió absolutamente sus colores. Era desde todo punto de vista una salamandra albina ciega. Esta criatura había pasado tanto tiempo en la oscuridad que se había adaptado a su entorno y ya no podía funcionar bajo la luz del sol. La salamandra albina me recuerda a algunos cristianos que se retiran del mundo, solo para encontrarse después con que son incapaces de prestar ayuda a quienes más la necesitan. Nos aislamos de los no creyentes. Incluso a veces nos aislamos de otros cristianos con la intención de estar más cerca de Dios.

A veces estamos tan preocupados por tener una buena relación con Dios, por estar en su presencia, que ignoramos al resto del mundo. Alguien dijo una vez que veía "al mundo en un canasto yéndose al infierno" mientras ociosamente contemplábamos sentados la bondad y misericordia de Dios hacia nosotros. Esto me recuerda la parábola de Jesús acerca del buen samaritano. Pienso en el sacerdote que se mantuvo a la distancia. Él estaba preocupado de asuntos "más importantes". Y podría haber quienes acusaran a las almas contemplativas de estar "celestialmente demasiado ocupados para atender a las cosas terrenales". Hasta los más contemplativos que he conocido reconocen la necesidad de mezclar su profunda comunión con Dios con un ministerio terrenal. Han descubierto que una de las mejores formas de adorar a Dios es involucrándose con este mundo de necesidades. Thomas habla de hacer "actos secretos de devoción".[273] Estos actos demuestran el amor a Dios en múltiples formas prácticas.

Existen grupos de cristianos que han intentado mantenerse puros por medio de encerrarse en sus comunidades, evitando cualquier contacto con "los demás" por temor a contaminarse. Es posible que, eventualmente, encuentren formas de evitar ser contaminados por el mundo, pero están también evitando ser "luz" y "sal" para este mundo contaminado. Retirarse no siempre es una acción positiva. Abraham Kuyper, uno de los teólogos reformados más conocidos, escribió, "Huir y esconderse, incluso para los propósitos de buscar a Dios, es desertar de nuestro llamado y de nuestra tarea... Entender esto, buscarle apasionadamente, encontrarle cara a cara en medio de nuestras dificultades aquí en la tierra, nos hace decir junto al salmista, 'te amo'".[274] Kuyper escribe más adelante en otra meditación, "Nuestro amor por Dios es único porque, por obsesivo que sea, no nos distrae del mundo. Por el contrario, nos impulsa hacia él, llenos de una visión celestial y una floreciente gratitud. En todo momento y en todas las cosas, nuestra gratitud surge de nuestras acciones en este mundo".[275]

En una meditación en la que escribe acerca del Espíritu Santo, Kuyper dice que éste echa raíces en nuestros corazones. Pero este morar del Espíritu Santo no es, según Kuyper, un fin en sí mismo, sino que constituye solo un medio a través del que podemos vivir en el contexto de este mundo nuestras vidas de cristianos transformados. "Descubrimos a Dios en la presencia del Espíri-

---

[273] Thomas, G., *Sacred Pathways*, p. 183.
[274] Kuyper, A., *Near Unto God*, p. 17.
[275] Kuyper, A., *Near Unto God*, p.129.

tu Santo, quien tiene compasión de nosotros. Este conocimiento nos devuelve a vivir nuestras vidas con un firme sentimiento de consuelo y compromiso. Nuestra vida externa, en los negocios, profesión, matrimonio y familia, comienza a replicar la música que Dios crea en nuestras almas. Los dos mundos se mezclan y afectan el uno al otro hasta hacernos alcanzar el punto en el que nuestra conciencia interna de Dios resplandece a través de todo lo que hacemos, desde la mañana hasta la noche, con la ayuda estimuladora del Espíritu Santo".[276]

Por supuesto necesitamos momentos de retiro, momentos en que verdaderamente podamos estar en silencio y quietud con Dios, lejos del ajetreo de este mundo. Pero estos momentos solo nos preparan devolviéndonos la energía para las tareas terrenales que tenemos entre manos. Jesús también se retiraba, pero siempre volvía a las multitudes. De los mejores ejemplos de cristianos que supieron combinar lo espiritual con lo terrenal, muchos corresponden a los antiguos monjes, cuyos monasterios fueron "hospitales", lugares de descanso para peregrinos y clínicas para enfermos.

Algunas personas emplean mucho tiempo concentrándose en tratar de encontrarse consigo mismos y convertirse en parte de la fuerza cósmica, o alguna otra esencia impersonal. Puede ser un intento por deshacerse de su propio cuerpo material, de su propia humanidad, en favor de una unión con el cosmos. Esto es lo que ocurre con muchas religiones orientales. Benner nos recuerda, sin embargo, que "la meta del trayecto espiritual cristiano no es ser menos humano y más divino, sino convertirse en un ser hu-

---

[276] Kuyper, A., *Near Unto God,* p. 155.

mano más completo. La salvación no consiste en rescatarnos de nuestra humanidad, consiste en redimir nuestra humanidad... La espiritualidad no asentada en nuestra condición humana no es un bien terrenal... El auténtico peregrinaje de la espiritualidad cristiana debe siempre incluir la redención de nuestra humanidad, nunca negarla o tratar de crucificarla".[277] En la introducción del Libro I, capítulo primero de la *Institución de la religión cristiana*, Juan Calvino escribe lo siguiente: "Casi toda la suma de nuestra sabiduría, que de veras se deba tener por verdadera y sólida sabiduría, consiste en dos puntos: a saber, en el conocimiento que el hombre debe tener de Dios, y en el conocimiento que debe tener de sí mismo... pues en primer lugar, nadie se puede contemplar a sí mismo sin que al momento se sienta impulsado a la consideración de Dios, en el cual vive y se mueve... Por otra parte, es evidente que el hombre nunca jamás llega al conocimiento de sí mismo, si primero no contempla el rostro de Dios y, después de haberlo contemplado, desciende a considerarse a sí mismo...En el conocimiento de Dios y de nosotros mismos hay una gran unión y relación".[278] En otras palabras, necesitamos las dos cosas, nuestra humanidad y espiritualidad si es que queremos experimentar lo que Benner llama "santidad e integralidad".

Sí, la contemplación intercalada con actos de bondad, retiradas alternadas con avances, pueden evitar que nuestra espiritualidad sea desequilibrada, que nos embotemos en nuestro crecimiento o nos convirtamos en salamandras albinas.

---

[277] Benner, D., *Sacred Companions*, p. 35.
[278] Calvin, Juan, *Institución de la religión cristiana*, pp. 4-5.

RESUMEN

Hemos considerado solo seis obstáculos que retrasan el proceso de la formación espiritual: alabar la creación, estar demasiado ocupados, organizar nuestras vidas en compartimientos, vivir con pecados no resueltos, sustituir el cuidado del alma por el ministerio y retirarnos en lugar de avanzar. Existen otros obstáculos que podríamos nombrar, pero estos son suficientes para demostrar que podemos estancar el desarrollo espiritual, que podemos retardar nuestra formación espiritual. Ser conformado a la imagen de Cristo no es algo fácil. Demanda esfuerzo de nuestra parte. Demanda diligencia y una actitud correcta. Despleguemos pues nuestros esfuerzos con diligencia y energía, ¡Dios recompensará nuestros esfuerzos en formas que ni siquiera podemos imaginar!

PREGUNTAS DE REPASO

1. Nombre uno o dos obstáculos para la formación espiritual que se le vengan a la mente y no hayan sido nombrados en el texto.

2. ¿De qué formas puede un cristiano estar ocupado al punto de descuidar su propio cuidado?

3. ¿Cuál es la forma apropiada de "retirarse" en la vida del cristiano?

4. Explique de qué forma es posible caer en la trampa del panteísmo.

EJERCICIOS

4. Comente en su diario la perspectiva de Ignacio de ver y oír a Dios en todas las cosas. ¿En qué momentos del transcurso de su vida diaria ha experimentado la presencia o existencia de Dios?

4. Aparte un tiempo para tener medio día de silencio y retiro. Pida a Dios que le revele cualquier pecado no resuelto en su vida que pueda estar impidiéndole ser todo lo que podría llegar a ser en Cristo.

5. Escriba por lo menos cinco formas en las que podría usted convertirse en las manos de Dios para este mundo necesitado.

6. Continúe reuniéndose con su mentor cada semana.

EPÍLOGO
PECADORES SALVADOS
POR GRACIA

Podría ser fácil llegar a la conclusión de que no podemos alcanzar una mayor profundidad espiritual en nuestras vidas. Pensamos en aquellos que lo han logrado, Teresa de Ávila, Thomas a Kempis, y nos preguntamos si algún día alcanzaremos algo semejante. En lo más profundo de nuestro corazón sabemos que somos pecadores salvados por gracia, pero nada más que pecadores. A fin de que no se desanime en sus intentos por alcanzar un mayor desarrollo espiritual, permítame recordarle que la formación espiritual es, por cierto, un proceso de toda la vida. En un sentido, somos aprendices de por vida en este trayecto hacia una mayor espiritualidad. Incluso "santos" como los que mencionamos antes, confesaron continuamente sus imperfecciones delante de un Dios perfecto pero amoroso.

Estando frente al Dios santo, Isaías admitió, "'¡Ay de mí, que estoy perdido!' Soy un hombre de labios impuros y vivo en medio de un pueblo de labios blasfemos, ¡y no obstante mis ojos han visto al Rey, al Señor Todopoderoso!" (Isaías 6.5).

Pablo mismo escribió, "Así que, mis queridos hermanos, como han obedecido siempre, no sólo en mi presencia sino mucho más ahora en mi ausencia, lleven a cabo su salvación con temor y temblor, pues Dios es quien produce en ustedes tanto el querer como el hacer para que se cumpla su buena voluntad. Háganlo todo sin quejas ni contiendas" (Filipenses 3.12-14). Pablo confiesa, tal como debemos hacerlo nosotros, que no hemos alcanzado el estado de perfección que esperamos. Con todo, seguimos intentándolo, seguimos avanzando. A este proceso en la tradición reformada lo llamamos santificación, entendiendo que no alcanzaremos la perfección hasta que lleguemos al cielo. Allí alcanzaremos lo que llamamos la glorificación.

Sabiendo esto, debemos perseverar. Pablo continua la epístola diciendo, "para que sean intachables y puros, hijos de Dios sin culpa en medio de una generación torcida y depravada. En ella ustedes brillan como estrellas en el firmamento" (vs. 15-16). En otras palabras, continuemos siendo espiritualmente formados, creciendo espiritualmente, y vivamos vidas santas hasta donde podamos. No afirmemos hipócritamente "hemos llegado" cuando sabemos que no es verdad. Pero al mismo tiempo, no nos quedemos en nuestros pecados sino vivamos como debemos hacerlo, sin volver atrás.

Las palabras de Pablo son una analogía de nuestro emprender la carrera y alcanzar la meta. Es una carrera sin pausas. Al comenzar este libro vimos 1 Corintios 9.24. Éste y los tres versículos siguientes hablan de ejercitarse y correr para obtener el premio, un premio por el que todos necesitamos correr. En Hebreos 12.1 leemos, "Por tanto, también nosotros, que estamos rodeados de una multitud tan grande de testigos, despojémonos del pecado que nos asedia, y corramos con perseverancia la carrera que tenemos por delante". Al igual que lo hacían los antiguos griegos y romanos quienes se quitaban su ropa y se cubrían con aceite para poder correr sin estorbos ni impedimentos. El escritor de esta carta nos dice que nuestros pecados son impedimentos que nos estorban, haciéndonos tropezar mientras corremos hacia la meta. Él no dice que estemos sin pecado, admite que existen, pero nos llama a ponerlos a un lado. En su epístola a los Romanos, Pablo escribe, "De la misma manera, también ustedes considérense muertos al pecado, pero vivos para Dios en Cristo Jesús. Por lo tanto, no permitan ustedes que el pecado reine en su cuerpo mortal, ni obedezcan a sus malos deseos. No ofrezcan los miembros de su cuerpo al pecado como instrumentos de injusticia; al contrario ofrézcanse más bien *a Dios como quienes han vuelto de la muerte a la vida*, presentando los miembros de su cuerpo como instrumentos de justicia. Así *el pecado no tendrá dominio* sobre ustedes, porque ya no están bajo la ley sino bajo la gracia" (Romanos 6.11-14, itálicas mías).

Nuestra meta es poder decir un día cuando estemos delante de Dios, "He peleado la buena batalla, he terminado la carrera, me he mantenido en la fe" (2 Timoteo 4.7). El resultado será lo que leemos en el versículo 8: "Por lo demás me espera la corona de justicia que el Señor, el juez justo, me otorgará en aquel día; y no sólo a mí, sino también a todos los que con amor hayan esperado su venida".

¿Cómo Llego Allá?

Esta es una pregunta interesante. Sabiendo que "no lo hemos logrado aún", pero sabiendo lo que aguarda a aquel que es fiel, ¿cómo llegamos allá?, ¿cómo voy desde la partida a la meta?

En comunidad

Es importante entender que esto es algo que se hace "en comunidad", siendo parte del cuerpo de Cristo. En un sentido la salvación es algo individual, pero en otro sentido, una vez que somos salvos, se nos incorpora a un cuerpo de creyentes para que vivamos nuestra fe delante de los hombres. Vivimos "en pacto" con Dios y con nuestros compañeros creyentes. Vivimos bajo el pacto de la gracia gozando de todos los derechos y privilegios, como también obligaciones que ello conlleva. Criamos a nuestros hijos como hijos del pacto. Les enseñamos los caminos del Señor como lo hicieron los hebreos. Reconocemos que somos pecadores salvados por gracia, con necesidad de compañerismo, rendición de cuentas, confrontación, confesión y sumisión para poder crecer en nuestra fe. Por lo tanto, es prácticamente imposible estar en este proceso de formación espiritual separados de otros creyentes. Es por esto que el autor de Hebreos nos advierte, "No dejemos de congregarnos como acostumbran a hacerlo algunos…" (Hebreos 10.25). ¿Por qué? *sino animémonos unos a otros*, y con mayor razón ahora que vemos que aquel día se acerca". En el mismo sentido lo hacen los versículos precedentes: "Mantengamos firme la esperanza que profesamos, porque fiel es el que hizo la promesa. Preocupémonos *los unos por los otros*, a fin de estimularnos al amor y a las buenas obras" (versículos 23-24, itálicas mías). Todo esto puede hacerse solamente en comunidad. Efesios 4.1-6 es un magnífico pasaje respecto de lo que significa vivir en comunidad. Cada persona tiene su lugar en el cuerpo de Cristo y debe procurar la unidad del cuerpo.

Anderson y Reese escriben, "Somos personas, nos vemos cara a cara, en comunidad, no somos individuos separados; somos un pueblo en comunidad que nos necesitamos mutuamente para llevarnos a la madurez espiritual. Descubrimos nuestra identidad en el contexto de la comunidad. Aprendemos mejor *juntos*, con la ayuda de otras personas".[279]

De la misma manera, Doug Pagitt, pastor del Pórtico de Salomón en Minneapolis, dice, "...Si bien el cristianismo es extremadamente personal, no es individual. El cristianismo tiene que ver con comunidad, como también las disciplinas. Olvidamos que aquellos que crearon las disciplinas lo hicieron dentro de una comunidad, y también las practicaron dentro de una comunidad".[280]

Confesando unos a otros

En la comunidad somos llamados a confesar nuestros pecados a otros. Este es un tema del que a muchos de nosotros no nos gusta escuchar. Puede que usemos uno de esos broches que dicen, "Por favor tenga paciencia, Dios no ha terminado conmigo todavía", pero no actuamos como si realmente lo creyéramos. Salvos por gracia, muchas veces actuamos hipócritamente diciendo que todo está bien, pero en el fondo de nuestro ser sabemos que todavía batallamos con nuestra vieja naturaleza (Romanos 7.14-19). Es por esto que Santiago nos llama a ser honestos unos con otros en cuanto a nuestras fallas morales, a nuestros pecados. Santiago escribe, "Por eso, confiésense unos con otros sus pecados, y oren unos por otros, para que sean sanados" (Santiago 5.16a). El verbo *confiésense* indica una acción continua, es decir, "manténganse siempre confesando sus pecados". No es un asunto que se haga una sola vez. ¿Por qué necesitamos confesarnos unos con otros? "La oración del justo es poderosa y eficaz" (la segunda

---

[279] Anderson, K. y R. Reese, *Spiritual Mentoring*, p. 21.
[280] Reed, Eric (Verano del 2005). "New Journeys on Wellworn Paths", en *Leadership*, Vol. XXVI, Número 3., p. 6.

parte del versículo 16). Bonhoeffer lo explica así, "Un hombre que confiesa sus pecados en la presencia de otro hermano, sabe que ya no está más solo; sino que experimenta la presencia de Dios en la realidad de la otra persona. Mientras esté solo en la confesión de mis pecados, todo permanece en la oscuridad, pero en la presencia de un hermano los pecados son traídos a la luz".[281] Escribiendo a los creyentes Juan dice, "Si afirmamos que no tenemos pecado, nos engañamos a nosotros mismos y no tenemos la verdad. Si confesamos nuestros pecados, Dios, que es fiel y justo, nos los perdonará y nos limpiará de toda maldad" (1 Juan 1.8-9).

En sumisión

Además de confesar y vivir en comunidad, debemos también someternos en comunidad. Santiago dice: "Someteos pues a Dios" (Santiago 4.7). También somos llamados a someternos unos a otros. La sumisión constituye un acto de autonegación. Ponemos primero a los demás. Jesús se sometió a la voluntad de su Padre por sobre sus propios deseos (Mateo 26.39). Pablo habla de la autonegación de Jesús, "Ya conocen la gracia de nuestro Señor Jesucristo, que aunque era rico, por causa de ustedes se hizo pobre, para que mediante su pobreza ustedes llegaran a ser ricos" (2 Corintios 8.9). "Hagan como yo, que procuro agradar a todos en todo. No busco mis propios intereses sino los de los demás, para que sean salvos. Imítenme a mí, como yo imito [en el negarme a mí mismo] a Cristo" (1 Corintios 10.33-11.1, [en el negarme a mí mismo] añadido).

---

[281] Bonhoeffer, D. (1952). *Life Together* [La Vida Juntos]. New York, Harper & Row, (p. 116).

Jesús llamó a Pedro a negarse a sí mismo y seguirle (Juan 21.19). Quizás el mayor de todos los ejemplos de autonegación lo encontramos en las palabras de Jesús, cuando habla de la importancia de estar dispuesto a dejar todo por su causa. Jesús dice, "y el que no toma su cruz y me sigue no es digno de mí. El que encuentre su vida, la perderá, y el que la pierda *por mi causa*, la encontrará" (Mateo 10.38-39, itálicas mías). Pablo dice a los filipenses, "No hagan nada por egoísmo o vanidad; más bien, con humildad consideren a los demás como superiores a ustedes mismos" (Filipenses 2.3-4). Y a los corintios les escribe, "Que nadie busque sus propios intereses sino los del prójimo" (1 Corintios 10.24).

La sumisión como el acto de ponerse bajo la autoridad de otros, constituyó una práctica común en la iglesia primitiva. Pablo en sus notas personales a la iglesia de Corinto, les habló de someterse a los que están en autoridad. Escribe, "Les recomiendo, hermanos, que se pongan a disposición de aquéllos y de todo el que colabore en este arduo trabajo" (1 Corintios 16.15-16). Pablo incluso escogió a ancianos en la iglesia local que tuviesen autoridad espiritual sobre los creyentes (1 Timoteo 4.14; 5.17; Tito 1.5).

Conclusión

Hemos recorrido juntos el camino de aprender en qué consiste la formación espiritual. Hemos visto que nuestra meta es comenzar bien en la fe cristiana. Lo hacemos mientras somos discipulados en las cosas básicas de la fe cristiana. La formación espiritual supone entrar en las diferentes disciplinas, ayuno, oración, meditación, silencio y retiro, entre otras. Supone la vivencia de los dones espirituales porque estos son las manifestaciones de nuestro llegar a ser formados. Santiago 4.8 nos da la siguiente promesa, "Acérquense a Dios, y él se acercará a ustedes". Para muchos, la formación espiritual se verifica mientras somos mentoreados por otros, y puede incluir también la dirección espiritual. Nuestra meta entonces, es terminar bien en Cristo. Mi oración es que usted haya aprendido, como lo he hecho yo, a crecer más profundamente en Cristo. Que pueda poner en práctica las disciplinas espirituales. Que pueda vivir su vida en comunidad junto a otros creyentes, confesándose unos con otros, sometiéndose unos a otros.

Al comenzar nuestro estudio nos preguntamos, ¿Cuál es nuestro propósito aquí en la tierra? Y respondimos con la respuesta del Catecismo Menor de Westminster, el cual dice, "El fin principal del hombre es glorificar a Dios y gozar de Él para siempre". Ojalá podamos verdaderamente crecer juntos glorificándole y gozando de Él para siempre mientras somos formados espiritualmente. Recuerde el desafío de Madame Guyon al comenzar este libro: "¡Insista, insista e insista en conocer a Dios!

Soli Deo Gloria

Dr. Gary Teja
gteja@kuyper.edu
garyteja@sbcglobal.net

BIBLIOGRAFÍA

Anderson, F. (2004). *Running on Empty: Contemplative Spirituality for Overachievers*. Colorado Springs, WaterBrook Press.

Anderson, K. y R. Reese (1999). *Spiritual Mentoring: A Guide for Seeking and Giving Direction*. Downers Grove, InterVarsity Press.

Avila, T. o. (1989). *The Interior Castle*. (*Las moradas del castillo interior*, Editam Libros, Madrid, España) New York, Doubleday/Image.

Bajema, Clifford (1998). *At One with Jesus: Rediscovering the Secret of Lectio Divina*. Grand Rapids: CRC Publications.

Barton, R. H. (2004). *Invitation to Solitude and Silence: Experiencing God's Transforming Presence*. Downers Grove, InterVarsity Press.

Benner, D. (2002). *Sacred Companions: The Gift of Spiritual Friendship and Direction*. Downers Grove, InterVarsity Press.

Berkhof, Louis (2002). *Telogía Sistemática*. Grand Rapids, Libros Desafío.

Biehl, B. (1997). *Mentoring: Confidence in Finding a Mentor and Becoming One*. Nashville, Broadman & Holman Publishers.

Boa, K. (2001). *Conformed to His Image: Biblical and Practical Approaches to Spiritual Formation*. Grand Rapids, Zondervan.

Bonhoeffer, D. (1952). *Life Together.* New York, Harper & Row.

Brink, Emily *et al*, ed. (1997). *Psalter Hymnal*. Grand Rapids: CRC Publications.

Bryant, C. (1983). *Prayer and Different Types of People.*

Budd, L. (2002). *Journal Writing: Writing for Spiritual Growth*. Downers Grove, InterVarsity Press.

Calvin, Juan (1994). *Institutos de la Religión Cristiana,* Volúmenes I y II, 4ª edición. Barcelona, España,Fundación Editorial de Literatura Reformada.

Clinton, R. and P. Leavenworth (1994). *Starting Well: Building a Strong Foundation for a Lifetime of Ministry.* Altadena CA, Barnabas Publishers.

Cloud, H. y J. Townsend (2000). Límites: *Cuando decir SÍ. Cuando decir NO Tome el control de su vida.* Miami, FL, Editorial Vida.

Daloz, L. (1986). *Effective Teaching and Mentoring.* San Francisco, Jossey-Bass Publishers.

Daloz, L. (1999). *Mentor: Guiding the Journey of Adult Learners.* San Francisco, Jossey-Bass Inc.

Dettoni, J. (1994). What is Spiritual Formation? *The Christian Educator's Handbook on Spiritual Formation.* K. Gangel and J. Wilhoit. Grand Rapids, Baker Book House: 11-20.

Doherty, Catherine de Haeck (1974). *Poustinia: Christianity Spirituality of the East for Western Man.* Notre Dame IN: Ave Maria Press.

Duncan, B. (1993). *Pray your Way: Your Personality and God.* Minneapolis, Bethany House Publishers.

Edwards, E., Ed. (1954). *Devotions and Prayers of John Calvin.* Grand Rapids, Baker Book House.

Edwards, Jonathan (1832). "Thoughts on the Revival of Religion in New England," in *Edwards on Revivals*, New York: Dunning & Spaulding.

Edwards, T. (1980). *Spiritual Friend: Reclaiming the Gift of Spiritual Direction.* New York, Paulist Press.

Elmore, T. (1995). *Mentoring: How to Invest Your Life in Others.* Indianapolis, Kingdom Building Ministries.

Elwell, W., Ed. (1991). *Topical Analysis of the Bible.* Grand Rapids, Baker Book House.

English, L. (1998). *Mentoring in Religious Education.* Birmingham AL, Religious Education Press.

English, L. (2000). "Spiritual Dimensions of Informal Learning." *New Directions for Adult and Continuing Education* 85(29): 29-38.

Engstrom, T. (1989). *The Fine Art of Mentoring*. Brentwood TN, Wolgemuth & Hyatt.

Forest elementals (2004) a website: www.forestelementals.org/personal/index.shtml.

Foster, R. (1986). *Alabanza a la disciplina* Nashville, Editorial Caribe.

Fowler, J. (1995). *Stages of Faith: The Psychology of Human Development and the Quest of Meaning*. San Francisco, Harper.

Frazee, Randy (2003). *Making Room for Life: Trading Chaotic Lifestyles for Connected Relationships*. Grand Rapids: Zondervan .

Gangel, K. and J. Wilhoit (1994). *The Christian Educator's Handbook on Spiritual Formation*. Grand Rapids, Baker Book House.

Goldsmith, M. (1997). *Knowing Me Knowing God: Exploring Your Spirituality with Myers-Briggs*. Nashville, Abingdon Press.

Gritter, W. y Marcos, A. (1989). *Conocimiento Básico de la Fe*. Grand Rapids: Libros Desafio.

Guenther, M. (1992). *Holy Listening: the Art of Spiritual Direction*. London, Darton, Longman and Todd.

Guyon, Madame. (1984). Experiencing God Through Prayer. Whitaker House.

Healing the Earth, 2004, a website. www.angelfire.com/tn/earthhealing.

Hendricks, H. and W. Hendricks (1999). *As Iron Sharpens Iron: Building Character in a Mentoring Relationship*. Chicago, Moody Press.

Herrington, J., R. R. Creech, et al. (2003). *The Leader's Journey*. San Francisco, Jossey-Bass Publishers.

Hirsh, S. (1998). *Soul Types: Finding the Spiritual Path that is Right for You*. New York, Hyperion.

Hirsh, S. and J. Kise (1997). *Looking at Type and Spirituality.* Gainesville FL, Centro de Aplicación de los tipos sicólogicos.

Hostetler, Bob (January-February 2003). "Music to God's Ears: Your hymnal can add welcome richness to your prayers," en *Discipleship Journal*.

Houston, J.y C. Berg, Eds. (1998). *A Life of Prayer: Faith and Passion for God Alone*. Minneapolis, Bethany Publishers.

Huggett, Joyce (1986). *The Joy of Listening to God: the Many Ways God Speaks to Us*. Downers Grove: InterVaristy Press.

Hybels, B. (2001). *No tengo tiempo para orar*. Certeza Unida.

Johnson, W. B. y C. R. Ridley (2004). *The Elements of Mentoring*. New York, Palgrave MacMillan.

Jones, T. (2003). *Read, Think, Pray, Live: A guide to Reading the Bible in a New Way*. Colorado Springs, NavPress.

Keating, C. (1987). *Who We are in How We Pray*. Mystic, CT, Twenty-third Publications.

Keating, Thomas(2000). Website: www.centeringprayer.com. Visited 2004.

Keirsey, D. y M. Bates (1984). *Please Understand Me: Character and Temperament Types*. Del Mar CA, Prometheus Nemesis Books.

Kise, J., D. Stark, *et al.* (1996). *Life Keys*. Minneapolis, Bethany House Publishers.

Klug, R. (2002). *How to Keep a Spiritual Journal: A Guide to Journal Keeping for Inner Growth and Personal Discovery*. Minneapolis, Augsburg Press.

Kuyper, A. (1997). *Near Unto God*. Grand Rapids, Wm. B. Eerdmans Publishing Co.

LaHaye, T. (1986). *Temperamentos transformados*. Miami, Editorial Unilit.

Lawrence, B. (1997). *La práctica de la presencia de Dios*. New Kensington, Whitaker Housee.

Leech, K. (1977). *Soul Friend: An Introduction to Spiritual Direction*. San Francisco, Harper.

Leech, K. (2001). *Soul Friend: Spiritual Direction in the Modern World.* Harrisburg PA, Morehouse.

Levinson, D. J. (1978). *The Seasons of a Man's Life.* New York, Knopf.

Longman, Tremper III. (1996). *Reading the Bible with Heart and Mind,.* Navpress.

Matthaei, S. H. (1996). *Faith Matters: Faith-Mentoring in the Faith Community.* Valley Forge: Trinity Press International.

McCormack, J. (2002). *Building Institutional Mentoring Programs.* Conferencia Nacional de Mentoría - Formando a la gente que formará el mundo, Denver Seminary, Englewood CO, Denver Seminary.

McNeil, Brenda Salter y Richardson, Rick (2004). *The Heart of Racial Justice.* Downers Grove: InterVarsity Press.

Merriam, S. (1993). "Taking Stock." *New Directions for Adult and Continuing Education* 57(Spring): 105-110.

Merton, T. (2005). *Acción y contemplación.* Editorial Kairós.

Merton, T. (1996). *Oración contemplativa.* Madrid, Editorial PPC.

Michael, C. and M. Norrissey (1991). *Prayer and Temperament.* Charlottesville VA, The Open Dooor, Inc.

Myers, Bill. (2002). *The Face of God.* Grand Rapids: Zondervan.

Mulholland, M. R. (1993). *Invitation to a Journey: A Road Map for Spiritual Formation.* Downers Grove, InterVarsity Press.

Mulholland, R. (1985). *Shaped by the Word: The Power of Scripture in Spiritual Formation*, Nashville.

Munger, R. B. (2004). *My Heart-- Christ's Home.* Downers Grove, InterVarsity Press.

Nouwen, H. (2003). *El camino del corazón.* Buenos Aires, Editorial Guadalupe.

Ortberg, J. y R. H. Barton (2001). *An Ordinary Day with Jesus: Experiencing the Reality of God in Your Everyday Life.* Grand Rapids, Zondervan.

Pantheism (2004.). A website: www.pantheism.net.

Parks, S. D. D. y S. Parks (2000). *The Big Questions, Worthy Dreams: Mentoring Young Adults in Their Search for Meaning, Purpose, and Faith*. San Francisco, Jossey-Bass Inc.

Peace, R. (1998). *Contemplative Bible Reading: Experiencing God through Scripture*. Colorado Springs, NavPress.

Peace, R.. (1998). *Meditative Prayer: Entering God's Presence*. Colorado springs, NavPress.

Peace, R. (1998). *Spiritual Journaling: Recording Your Journey Toward God*. Colorado springs, NavPress.

Postema, D. *Space for God*. Gran Radpis, CRC Publications.

Postema, D. (1997). *Catch Your Breath: God's Invitation to Sabbath Rest*. Grand Rapids, CRC Publications.

Raab, L. y B. Clinton (1985). *Barnabas, Encouraging Exhorter: A Study in Mentoring*. Altadena CA, Barnabas Resources.

Reed, Eric (Verano del 2005). "New Journeys on Well-worn Paths", en *Leadership*, Vol. XXVI, Número 3.

Rice, H. (1991). *Reformed Spirituality*. Louisville, Westminster/John Knox.

Schaeffer, F. (1971). *La verdadera espiritualidad* Barcelona, Editorial CLIE.

Schein, E. H. (1978). *Career Dynamics: Matching Individual and Organizational Needs*. Reading MA, Addison-Wesley.

Shea, G. (1994). *Mentoring: Helping Employees Reach their Potential*. New York, American Management Association.

Shea, G. (1999). *Making the Most of Being Mentored*. Menlo Park, Crisp Publications, Inc.

Simon, H. A. (2001). *Mentoring*. Saint Louis, Concordia Publishing House.

Smalley, Gary and Trent, John (1992). *The Treasure Tree*. Nashville: Thomas Nelson Inc.

Stanley, P. and J. R. Clinton (1992). *Connecting: The Mentoring Relationships You Need to Succeed in Life.* Colorado Springs, NavPress.

Stevens, R. Paul (2003). *Down-to-Earth Spirituality: Encountering God in the Ordinary, Boring Stuff of Life.* Downers Grove: InterVarsity Press.

Taylor, K., C. Marienu, et al. (2000). *Developing Adult Learners.* San Francisco, Jossey-Bass Publishers.

Thomas, G. (1996). *Sacred Pathways: Discover Your Soul's Path to God.* Grand Rapids, Zondervan.

Tice, L. (1997). *Personal Coaching for Results: How to Mentor and Inspire Others to Amazing Growth.* Nashville, Thomas Nelson Publishers.

Towns, Elmer (1996). *Fasting for Spiritual* Breakthrough. Ventura: Regal.

Towns, Elmer (2002). *Knowing God Through Fasting.* Shippensburg PA: Destiny Image Publishers, Inc.

Vogel, L. (2000). "Reckoning with the Spiritual Lives of Adult Educators." *New Directions for Adult and Continuing Education* 85(Spring): 17-26.

Waddell, H. (1998). *The Desert Fathers.* New York: Random House.

Warren, Rick (2003). *La Vida con Propósito; un diario de oración.* Miami: Vida.

Webber, R. (1982). *Worship old and new.* Grand Rapids: Zondervan.

Whyte, Alexander (1897). *Santa Teresa, an Appreciation.* London: Oliphant, Anderson and Ferrier.

Willard, D. (1988). *The Spirit of the Disciplines: Understanding How God Changes Lives.* New York: Harper & Row.

SITIOS RELEVANTES EN LA INTERNET

Nota: Estos son algunos sitios, de los muchos que hay, que tratan acerca de la formación espiritual en general, y más específicamente de las disciplinas espirituales, mentoría, etc. Pero, como en todo sitio o libro, usted como estudiante debe juzgar la veracidad del recurso, su nivel académico, y su valor. No todos los sitios reflejan necesariamente la teología de su denominación; aun así, hay muchas joyas que se pueden obtener en estos sitios. Al igual como con cualquier cosa que lea, necesita separar "la cizaña del trigo". Cualquier libro que lea, y añadiría ahora, cualquier sitio que visite, tiene que hacerse con discernimiento espiritual.

Juan Calvino
www.johncalvin.com
www.calvin.edu/about/about_jc.htm
www.ccel.org/c/calvin

Jonathan Edwards
www.edwardscentre.ca/page0002.htm

Madame Guyon
www.newadvent.org/cathen/07092b.htm

Thomas Merton
www.firsthings.com/ftissues/ft9702/articles/revessay.html
Este artículo muestra el lado humano de Thomas Merton. Como todos nosotros, Merton lidió espiritual y emocionalmente.

www.merton.org
Una lista de muchos sitios acerca de Merton y la contemplación.
www.clas.ufl.edu/users/gthursby/mys/merton.htm
Recursos de Thomas Merton.

Henry Nouwen
www.HenryNouwen.org
Un sitio donde usted puede suscribirse para recibir un devocional diario por correo electrónico de Bread for the Journey.

Juan de la Cruz
www.csbju.edu/library/internet/theospir.html
Un sitio relativo al antiguo místico español que está en español y en inglés. Este sitio tiene también, "De los nombres de Cristo" (On the names of Christ) de Luis de León.

Cristianismo místico
www.innerexplorations.com/chmystext/christia.htm
Una buena cantidad de sitios que tratan del cristianismo místico

www.clas.ufl.edu/users/gthursby/mys/music.htm
Música, especialmente canto gregoriano.

www.ancientfutureworship.com
El sitio de Weber para recursos de alabanza, e incluye adoración, evangelismo y formación espiritual.

www.reformworship.com
Un sitio de recursos de adoración reformada.

www.iona.org/uk
El sitio de la comunidad Inona, una comunidad ecuménica cristiana comprometida a la oración diaria, rendimientos de cuentas mutuo y a la acción social.

Espiritualidad reformada
www.sanjosepby.org/Refmsprt.html
Una investigación presentada a un presbiterio para la creación de un centro de espiritualidad. Da una buena descripción de la formación espiritual.

www.reformedworship.org
Un sitio de una revista con el mismo nombre, publicada por editorial CRC.

www.calvin.edu/worship
La página del Instituto Calvino de Adoración, cuya meta es "promover el estudio de la teología, historia y práctica de la adoración cristiana y la renovación de la adoración en las comunidades que alaban a través de Estados Unidos y más allá".

www.spiritualdisciplines.org
Este es un sitio excelente acerca de la espiritualidad bíblica especialmente en el contexto de la iglesia. Este sitio también promueve el libro Entranced Vision of All Things: The Legacy of Jonathan Edwards. Uno de los capítulos se titula: "Pursuing a Passion for God through spiritual Disciplines: Learning from Jonathan Edwards."

www.loganwv.presbychurch.org/spiritualprachtm
Una presentación reformada de la lectio divina, el cual conlleva un diario de oración, y otras practicas espirituales.

Disciplinas espirituales

http://spiritualcornerstones.com/SD.htm

Este es un buen sitio para obtener respuestas sobre las disciplinas espirituales.

www.saginaw.org/prayer_vontemp.html

Un sitio acerca de la oración contemplativa.

www.prayerfoundation.edu

El sitio de un monasterio protestante, que se llama a sí mismo movimiento que promueve "el estilo evangélico monástico de vida, totalmente basado en la Biblia, centrado en Cristo y el nuevo nacimiento".

www.precious-christian-dailiydevotionals.com

Una introducción al "por qué" del devocional diario.

www.buildingchurch.net/discipline.htm

Un sitio seguro respecto de las disciplinas espirituales, con descripciones para cada disciplina al estilo Foster (interno y externo).

www.spirithome.com/spirdisc.html

Un sitio de disciplina espiritual con enlaces a otros sitios similares.

www.new-life.net/fasting.htm

Un sitio sobre el ayuno.

www.solascriptura-tt.org/VidaDosCrentes/CumDeus/BiblicalFasting-Cloud.htm

Otro sitio acerca del ayuno.

www.parousianetwork.com/Fasting_Chapter_3.htm
Ayuno cristiano.

www.findthedivine.com
Un sitio que provee una lista de centros de retiros por estados y provincia. No toda la información de este sitio tiene un enfoque cristiano. La página "The Benefits of Spiritual Retreats" ayuda bastante.

Formación espiritual
www.buildingchurchleaders.com
Un sitio donde puede bajar cursos acerca de la formación espiritual de Leadership Resources.

http://fm2.forministry.com/qryArticlePrint.asp?Record=1602
Un artículo acerca de la formación espiritual por Dallas Willard.

www.erickeck.com/discuss/msgReader$63
"Spiritual Formation in Christ" by Dallas Willard.

www.dwillard.org/articles/
Un buen lugar para encontrar artículos de Dallas Willard. Muchas de las disciplinas espirituales y una llamada "Spiritual Formation in Christ: A Perspective on What it is and How it Might be Done"

www.spiritualformationforum.org/sff_documents.htm
Tres documentos en pdf acerca de la formación espiritual: "Foundations of Christian spiritual formation," "Descriptors of 'Biblical Spiritual Formation'", y "Spirituality and Spiritual Formation".

www.theooze.com/articles/print.cfm?id=744
Un artículo acerca de la formación espiritual por Richard Foster.

http://homepage.mac.com/kentonanderson/preaching.org/spiform.html
Un corto artículo acerca de la predicación sobre formación espiritual.

www.ministrydevelopment.org/foster-spirituality.html
Un artículo titulado "Spirituality for Leadership: History, Conflict and Challenge." El artículo trata la formación espiritual desde su desarrollo histórico, con varios alcances a la formación espiritual, y a la formación espiritual en los seminarios y sus varias dimensiones.

www.iclnet.org/pub/facdialogue/Issue26/Smith.html
"Spiritual Formation in the Academy: A Unifying Model" por Gordon Smith de Canadian Bible College y Theological Seminary.

www.intervarsity.org/news.php?item_id=326
Un breve informe acerca de la formación espiritual, en Diciembre 24, 2002 de InterVarsity Christian Fellowship. El artículo comienza explicando el cuarto mandamiento de IVCF: "Spiritual formation—cultivamos la intimidad con Dios y el crecimiento en el carácter para ser como Cristo, a través de la disciplina espiritual personal y corporal, potenciada por el Espíritu".

Lectio divina
www.osb.org/lectio/about.html
La lectio divina bajo el punto de vista de Orden de San Benedictino.

www.rc.net/saginaw/srsclare/lectio.html
La lectio divina bajo el punto de vista Católica Romana.

www.centeringprayer.com/021dbib.htm
Una bibliografía sobre lectio divina

www.valyermo.com/ld-art.html
Un sitio que describe la lectio divina en privado como también un ejercicio en grupo y cómo hacerlo.

Spiritual blogging
¿Una nueva forma de mantener un diario? Vea que parece.
www.e-church.com/blog-detail.asp?EntryID=342&BloggerID=1

APÉNDICE

MODELOS DE LA SANTIFICACIÓN
JUAN WAGENVELD

Introducción

El desarrollo espiritual es uno de los temas fundamentales para la vida del cristiano. Teológicamente se encuentra bajo la doctrina de la santificación e intenta contestar preguntas básicas como las siguientes:

- ¿Cómo puede acercarse el ser humano más a Dios?
- ¿Cuánto debe madurar en la vida cristiana?
- ¿Qué recursos están disponibles para crecer en la fe?
- ¿Qué tan lejos puede llegar en el proceso de santificación?
- ¿La santificación es algo que hace Dios o algo en lo que el ser humano participa?
- ¿La santificación es algo individual o una responsabilidad comunitaria?
- ¿Hay consecuencias en esta vida por no crecer y desarrollar la vida cristiana?
- ¿Hay consecuencias en la vida venidera por no desarrollar la santidad?

En este breve ensayo se propone complementar lo que ya se ha compartido en el presente libro sobre el desarrollo espiritual, a través de la presentación de cinco modelos que intentan contestar estas preguntas, pero de maneras diferentes. Es útil para el estudiante de este importante tema entender que, aunque son similares los puntos de partida, hay modelos significativamente variados.[282]

---

[282] Los modelos presentados en este artículo son todos evangélicos, y no católicos.

La palabra "santidad" o "santificar" significa separar o consagrar. En la Biblia santificar generalmente se usa para decir que alguien queda **separado del** pecado o de lo profano y queda **separado para** el servicio y dedicado a una relación con Dios. Por lo tanto, el proceso de santificación no es sólo separación de algo sino hacia y para algo. La separación tiene propósito y meta.

Dios invita al ser humano, lo declara ciudadano de su Reino (Col. 1:13) y lo llama a estar separado en tres aspectos: del maligno, del mundo y de su propia carnalidad (este último término no se refiere a pecados exclusivamente de tipo sexual, como muchos piensan, sino a todo aquel pensamiento o actividad contrario al Espíritu de Dios, incluyendo la mentira, el orgullo, la inmoralidad y toda forma de pecado).

Primero, Satanás es el gran tentador que busca eliminar el reinado de Dios y quiere contradecir toda forma de santidad. Él trabaja en contra del Reino de Dios y usa todos sus recursos para poner distancia entre el hombre y su Creador. La Biblia dice claramente que se debe huir del enemigo, quien busca destruir y matar.

Segundo, el término mundo se refiere a todo aquello que los aspectos negativos de la cultura promueven contra los deseos de Dios. El mundo le pertenece a su Creador. Cuando la Palabra recuerda que los cristianos *"no son del mundo"* (Jn. 17:14) se refiere a los patrones, comportamientos y cosmovisiones que se oponen a los diseños de Dios para el ser humano (Ro. 12:1, 2). Por esto, al mismo tiempo que la iglesia no debe contaminarse, debe trabajar arduamente para transformarlo todo y someterlo bajo los pies de Cristo (Sal. 119:115; 125:5). Tal como lo menciona Alberto Roldán, la palabra mundo (cosmos) no tiene un sentido unívoco en el NT. Se refiere, a veces, al "mundo perverso" o "sistema" bajo el dominio del diablo (*"El mundo entero está bajo el maligno"*, 1 Juan 5:19) pero también a la humanidad, cosmos-creado y cultura.

Tercero, el campo de batalla espiritual incluye la totalidad del ser humano: alma, mente, emociones y voluntad. La caída del hombre afectó todas estas áreas y aunque ha sido salvado en Jesucristo, continúa la lucha constante de vivir por fe, con amor, obediencia y victoria. El cristiano está llamado a separarse de todo aquello que pueda interrumpir su comunión con Dios y a distinguir entre lo bueno y lo malo (He. 5:14).

El proceso de santificación no consiste sólo en separarse *de* algo sino *para* algo. El proceso continuo de conformidad a Cristo es una invitación a la comunión con Él y a la posibilidad de vivir una vida plena a través del servicio. La santificación queda incompleta si no integra la búsqueda de servir a otros y transformar el mundo con esperanza y gratitud en el poder del Espíritu Santo. Dios llama a la santidad para servirlo y unirse a su misión en el mundo y así cumplir el propósito de traer alabanza a su gloria. El cristiano le trae gloria a Dios estando separado del pecado y del mundo y separándose para el servicio, la comunión, el discipulado, la evangelización, la justicia y la adoración, siempre encarnando los valores del Reino. Como dice Alberto Roldán (La Espiritualidad que Deseamos, p. 72): "Toda espiritualidad que se precie de ser cristiana se nutre, vive y se expresa en una perspectiva comunitaria; la espiritualidad de la encarnación implica que la Iglesia está obligada a ser sierva antes que señora. Esto significa vivir diacónicamente, es decir, sirviendo al mundo en todas sus dimensiones: espirituales, sociales y económicas. En palabras de Segura: '*El principio encarnación* convierte a la Iglesia hacia el mundo y hace que ella renuncie a sus propios intereses de grandeza, poder y triunfo'".

En el Antiguo Testamento se halla abundante evidencia de que Dios valora altamente la santidad. Él se revela como un Dios Santo que está buscando separar para sí un pueblo santo (ver Is. 6; Éx. 15:11; Lv. 20:26; 26:12). Una relación con Dios tiene como consecuencia apartarse del mal. Los mandamientos tienen el propósito, en parte, de transmitir el peso de la santidad de Dios. El libro de Levítico, justo en el centro del Pentateuco, es un llamado a la pureza, la higiene espiritual y la santidad. Los libros proféticos modifican el interés en la santidad como ley ceremonial y le dan prioridad como norma ética de una vivencia buena y justa (Mi. 6:8).

En el Nuevo Testamento, centrado en la persona de Jesucristo, la santidad continúa siendo de interés primario para Dios. Efesios 1:4 dice: "*Dios nos escogió en él antes de la creación del mundo, para que seamos santos y sin mancha delante de él*" (ver también Ef. 5:25-27). Hebreos 12:14 recuerda que sin santidad nadie verá a Dios. Los cristianos son llamados a la santificación en muchos pasajes como 1 Pedro 1:15, 16; Colosenses 3; Romanos 12; 1 Corintios 3; 2 Corintios 7:1; Santiago 2:14-26; Romanos 6:1-11; 1 Juan 2:3-6; 3:4-10; Filipenses 3:12 y Efesios 4:11-13. También se menciona la obra santificadora del Espíritu Santo en 1 Pedro 1:1, 2 y 1 Corintios 6:11.

Es claro ver en la Biblia que Dios considera la santidad como algo fundamental en la vida de aquellos que ha llamado a ser sus seguidores. La santificación es una de las enseñanzas más importantes de las Escrituras. La santidad glorifica a Dios y es una característica vital en la esencia misional e integral de la Iglesia.

Los modelos que se describen toman la santidad con mucha seriedad. Todos creen en tomar del poder del Espíritu Santo para lograr progresos en su santidad. Sin embargo, difieren en algunos puntos importantes al describir cómo llegar a tener madurez cristiana. En esta sección del ensayo se describen muy brevemente estos diferentes modelos para que el estudiante del tema se dé cuenta de su existencia y sea motivado a estudiar más a fondo las particularidades de cada tradición eclesiástica.

1. Modelo Reformado

El modelo Reformado toma su nombre de la Gran Reforma Protestante del siglo XVI desde la teología de Juan Calvino. Este modelo define el pecado en dos categorías: pecado como la condición del hombre en un mundo caído y pecado como aquellos actos que se cometen debido a esa condición. Anthony Hoekema los distingue llamándolos el *estado* de corrupción y los *productos* de corrupción. Todo proceso de santificación del cristiano para contrarrestar el pecado comienza con la justificación del pecador por gracia y mediante la fe. Un cristiano ha sido justificado ante Dios por medio del sacrificio redentor de Cristo en la cruz y obtiene nueva vida en su resurrección. La muerte y resurrección del Señor quitan la penalidad del pecado y su justicia es otorgada como regalo divino. Dios declara justo al ser humano en Cristo.

Además de ser justificado, el cristiano también es santificado. Dios lo hace santo en Él. Es santo en los méritos de Jesús y no por su propio esfuerzo. Tiene una nueva identidad ahora que está en unión con Cristo: está separado de la atadura del pecado y ha sido transferido al Reino del Hijo (Col. 1:13).

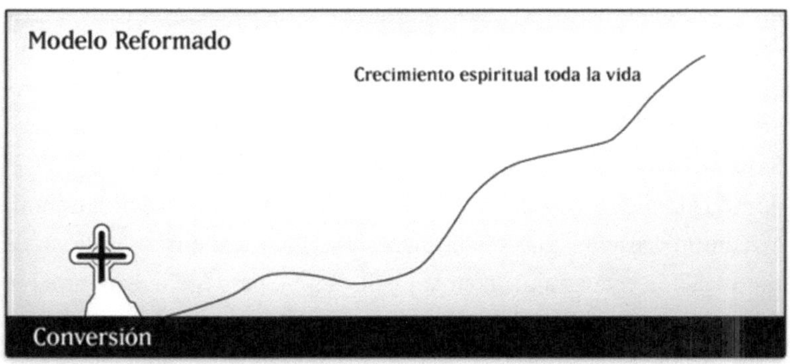

La santificación, según Ferguson, teólogo reformado, "es el ocuparse de lo que significa ser una nueva criatura en Cristo" (Alexander, Christian Spirituality: Five Views of Sanctification, p. 60). Hoekema la define como "el trabajo de Dios por el cual nos hace santos… esa operación de gracia del Espíritu Santo, que incluye nuestra participación responsable, por la cual nos libera, como pecadores justificados, de la polución del pecado, y renueva nuestra naturaleza de acuerdo a la imagen de Dios y nos capacita para vivir de manera agradable a Él" (Gundry, Five Views of Sanctification, p. 61). La santificación, por lo tanto, tiene dos aspectos que se deben considerar: *la santificación posicional y la santificación progresiva.*

La santificación posicional (también llamada santificación definitiva) es el regalo de Dios, quien mediante su gracia declara al cristiano santo (ver 1 Co. 1:2; 6:11; He. 10:10; 2 Co. 5:17; Hch. 20:32; 26:18; Ro. 6). Para todos los que han aceptado la gracia de Dios se ha quebrado el poder de la esclavitud del pecado y poseen una unión definitiva con Cristo. Esto ocurrió objetivamente en el acto redentor de Cristo, pero subjetivamente cuando se lo acepta como Señor y Salvador mediante la fe. Todo don de Dios se convierte también en tarea. La santificación progresiva (también llamada santificación incremental) es aquel proceso de vida en el cual se desarrolla la fe con temor y temblor (1 Ts. 4:3; 5:23; 2 Ti. 2:21). 1 Corintios 1:2 y 6:11 se usan como textos clave que explican que aquellos que han sido santificados en Cristo Jesús deben continuar haciendo de esa santificación una realidad. 1 Reyes 8:46, Salmos 19:12 y Proverbios 20:9 dan otros ejemplos bíblicos de que el pecado sigue presente en la vida del cristiano y por lo tanto, la santificación progresiva sigue siendo necesaria. Para resumir, el proceso de santificación está arraigado en la justificación, pero incluye un proceso de convertirse cada día más como Cristo, en el poder del Espíritu Santo, teniendo victoria sobre el pecado y viviendo vidas agradables a Dios. Por lo tanto, es una verdad histórica y escatológica que el cristiano ya es santo por medio de Cristo. Pero también es una responsabilidad en el presente convertir esa verdad en una realidad concreta en la vida diaria.

La relación entre lo que hace Dios y lo que hace el cristiano se puede mostrar con la ilustración de la niña que quiere ayudar al papá a cargar su maletín. Primero prueba con una mano y no puede, luego con la otra y no llega muy lejos. Finalmente lleva el maletín con ambas manos y le pide al papá que la levante y la lleve hasta la casa. Cada uno está haciendo algo, pero realmente es el papá quien lleva el peso. De la misma manera, el cristiano participa pero Dios lleva el peso por la obra de Cristo. Otros lo ilustran diciendo que Cristo ya hizo el depósito en el banco (justificación y santificación posicional) pero el cristiano tiene que ir al banco y canjear esos recursos (santificación progresiva).

"… *ustedes antes eran oscuridad, pero ahora son luz en el Señor. Vivan como hijos de luz…*" (Ef. 5:8). El **indicativo** que dice que el cristiano ya es luz se convierte en un **imperativo**: "V*ivan como hijos de luz*". La salvación comienza con la realidad de la justificación por la fe. Se entiende por justificación lo siguiente:

"Por un lado, significa perdón, remisión y la no imputación de todos los pecados, reconciliación con Dios y el fin de su enemistad e ira (Hch. 13:39; Ro. 4:6s.; 2 Co. 5:19; Ro. 5:9ss.). Por el otro lado, significa que se le otorga de gracia al hombre el estado de un hombre justo y el título a todas las bendiciones prometidas al justo: un concepto que Pablo amplía ligando la justificación con la adopción de los creyentes como hijos y herederos de Dios (Ro. 8:14ss.; Gá. 4:4ss.)" (Harrison, Everett, Ed. Diccionario de Teología. p. 306).

La justificación por la fe implica una santificación posicional que forma el ancla para una santificación progresiva. Este es un proceso que dura toda la vida. La justificación por la fe hace necesaria la santificación progresiva. La santificación posicional hace que la santificación progresiva sea posible. El cristiano es nueva criatura en el Señor pero sigue siendo perfeccionado en Él.

El énfasis del modelo Reformado radica en un empuje para el crecimiento constante en la madurez cristiana, sin ningún énfasis en una segunda bendición o algún otro paso especial posterior a la conversión.

Asegura que se puede lograr crecimiento importante en la vida espiritual pero que la perfección sólo se logrará en la vida venidera. Descansando en la seguridad de la santificación posicional, el verdadero cristiano hace un esfuerzo continuo por madurar en el Señor y experimentar lo que ya es una realidad en el sentido cósmico. Ferguson dice: "En lugar de ver al cristiano ante nada en el microcosmo de su propio progreso, la doctrina Reformada mira al creyente primeramente en el macrocosmo de la historia redentora de Dios" (Alexander, <u>Christian Spirituality: Five Views of Sanctification</u>, p. 59). La santificación es vivir vidas que sigan el patrón de Cristo. Es un proceso que dura toda la vida y que contrarresta los efectos de la caída del hombre. Busca restaurar la imagen de Dios en el ser humano, demostrar la unión con Cristo y desarrollar la mente de Cristo.

2. Modelo Wesleyano

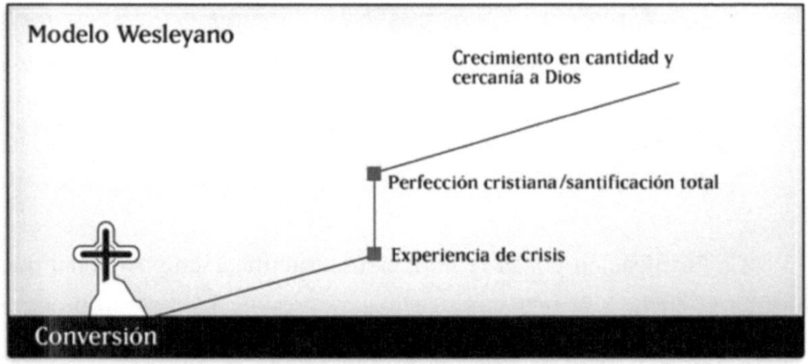

El modelo wesleyano toma su nombre de John Wesley y el movimiento Metodista de Inglaterra y Estados Unidos. Este modelo fue fuertemente influenciado por los movimientos pietistas y los de santidad en el siglo XVIII. Los wesleyanos hacían un llamado a la santidad para "convertir en realidad lo que ya es nuestro en Cristo por el nuevo nacimiento" (Alexander, Christian Spirituality: Five Views of Sanctification, p. 96). Se caracteriza por el anhelo de crecer en gracia en una fe ética que enfatice la relación con Dios por encima de las definiciones doctrinales o la verdad proposicional.

La marca más destacada de este modelo, y también la más controversial es la creencia en que uno puede alcanzar en esta vida lo que Wesley llamaba la "perfección cristiana", conocida también como la "entera santificación". El proceso de santificación comienza en el momento de la conversión y la regeneración, pero existe un momento crítico en la vida del cristiano donde se logra una experiencia de amor perfecto por Dios y un sometimiento total a su Palabra y su voluntad. Esto se considera posible sólo por medio de la gracia divina y el poder del Espíritu Santo obrando en la vida del cristiano. Se toma cuidado en distinguir entre la perfección cristiana y la perfección absoluta (también llamada perfección adánica). Esta distinción tiene que ver con la definición de santidad propuesta por el modelo wesleyano según la cual se puede obedecer voluntariamente a Dios en el aspecto ético de la santificación. Se reconoce que uno hará algún pecado involuntario o cometerá un error sin saberlo y que no se puede alcanzar la perfección de tener la plenitud de Jesús o participar de la naturaleza divina en esta vida. Sin embargo, en esta vida se puede alcanzar el don del amor perfecto y eso es algo que debe ser buscado por todo discípulo serio de Jesús. Este logro se ha denominado "la segunda bendición" o la "segunda obra de gracia" y es la marca de tener unión con Cristo. Ocurre en un momento específico, generalmente acompañado de crisis, en la vida de una persona. El evento histórico de Pentecostés debe también personalizarse en la historia de uno para tener plenitud del Espíritu.

Fletcher, quien sistematizó la teología wesleyana, organizó este concepto en etapas de madurez espiritual así como hay etapas de crecimiento natural en la vida física. La etapa de mayor madurez llega con este concepto de entera santificación. Wesley y Fletcher fusionaron ciertos principios de la Reforma en cuanto a la justificación por fe con algunos conceptos arminianos de la libertad humana. Dieter, teólogo wesleyano, escribe que "los cristianos nunca estarán libres de la posibilidad de cometer pecados voluntarios en esta vida. Sin embargo, sí pueden ser librados de la necesidad de cometer transgresiones voluntarias al vivir, **momento a momento**, en obediencia a la voluntad de Dios" (Gundry, Five Views of Sanctification, p. 14). Luego dice que es esta creencia en la posibilidad de llegar a tener una relación de perfecto amor con Dios lo que "marca la línea divisoria de compromiso para aquellos que desean ser wesleyanos" (p. 21). En el modelo wesleyano, aún después de llegar a la entera santificación se puede seguir creciendo y ser todavía más como Cristo.

Los wesleyanos encuentran su apoyo bíblico para este modelo en el Antiguo y el Nuevo Testamento, pero principalmente en las epístolas paulinas. El concepto de la entera santificación se fundamenta en pasajes como 1 Tesalonicenses 5:23: *"Que Dios mismo, el Dios de paz, los santifique por completo, y conserve todo su ser –espíritu, alma y cuerpo– irreprochable para la venida de nuestro Señor Jesucristo. El que los llama es fiel, y así lo hará"*. Génesis 17:1 dice: *"... vive en mi presencia y sé intachable"*. Los wesleyanos señalan más que nada la intención del corazón y la condición de la relación con Dios. También ven apoyo para esta doctrina de la posibilidad de perfección en esta vida en pasajes como Efesios 4:13: *"De este modo, todos llegaremos a la unidad de la fe y del conocimiento del Hijo de Dios, a una humanidad perfecta que se conforme a la plena estatura de Cristo"*. Colosenses 1:28 anima a enseñar *"... a todos los seres humanos, para presentarlos a todos perfectos en él"*. Juan 8:34-36 advierte: *"Ciertamente les aseguro que todo el que peca es esclavo del pecado (...) si el Hijo los libera, serán ustedes verdaderamente libres"*. Estos y muchos otros pasajes, como Romanos 8; 1 Tesalonicenses 5:23 y 1 Juan 3:7-9 son usados con frecuencia en la literatura wesleyana.

La experiencia de crisis de la cual nace el perfeccionamiento es considerada una segunda bendición que generalmente ocurre un tiempo después de la conversión. Esta experiencia subsecuente no sólo quita el poder del pecado sino la raíz también, es decir, la naturaleza pecaminosa es extraída y el cristiano ya no peca. En la práctica esta tradición ha enfatizado una devoción tremenda a Dios que resulta apasionada y ferviente. Sin embargo, también ha sido causa de frustración para los que expresan no haber logrado la perfección en esta vida.

3. Modelo Pentecostal

En esta presentación se tiene en cuenta que las iglesias del Movimiento Pentecostal no tienen un modelo unitario; las denominaciones mantienen incluso doctrinas diferentes. Especialmente las iglesias independientes. El modelo que se presenta corresponde a iglesias pentecostales tradicionales.

Stanley Horton cita a Myer Pearlman y da la siguiente definición de santificación: "(1) Separación del pecado y del mundo y (2) dedicación o consagración a la comunión con Dios y a su servicio a través de Cristo. El significado principal de la santidad es la separación para el servicio, pero incluye la idea de purificación". La perspectiva pentecostal de la santificación es parecida en muchos aspectos a aquellas ya mencionadas y sus variantes son históricamente mucho más recientes. Lo que distingue a este modelo de los demás es el énfasis en el bautismo del Espíritu Santo. Esta expectativa en el desarrollo de la vida del cristiano se fomenta mayormente después de las experiencias en la misión de la Calle Azusa. Debido a la influencia wesleyana (descrita anteriormente en este ensayo) sobre los movimientos de la santidad, los grupos iniciales del pentecostalismo enseñaban que Dios haría una segunda obra de gracia en la persona para limpiarlos de una manera que no había ocurrido en el momento de la conversión y que por lo tanto, era necesario. Posteriormente la persona se abría a la posibilidad de ser llenada con el Espíritu Santo. Horton dice que "los pentecostales enseñaban la santificación como una segunda obra de gracia posterior a la conversión, instruyendo que el bautismo del Espíritu Santo representa una tercera experiencia" (Gundry, Five Views of Sanctification, p. 107). El proceso se vería así:

Conversión ---------Experiencia de santificación (crisis) --------- Llenura del Espíritu Santo

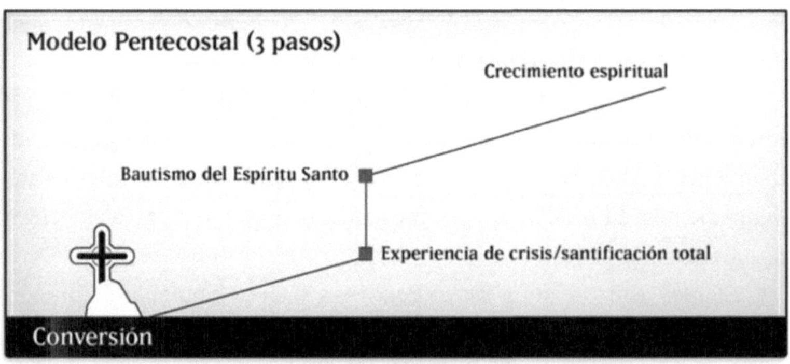

Spittler indica: "Lo que marcó la diferencia entre los Pentecostales y los movimientos de santidad era que los primeros aceptaban el don de lenguas como una marca legítima, y aún necesaria de la experiencia cristiana" (Alexander, Christian Spirituality: Five Views of Sanctification, p. 135). Hubo un cambio radical en el pentecostalismo con las enseñanzas de William Durham. Los pentecostales de los movimientos de santidad creían en la necesidad de la experiencia de santificación como prerrequisito para el bautismo del Espíritu Santo. La influencia wesleyana era notable. Los seguidores de Durham, sin embargo, llegaron al pentecostalismo de círculos reformados y bautistas y ponían más énfasis en la santificación posicional y la obra de Cristo completada en el calvario e insistían en que la santidad era un proceso de toda la vida y no una bendición subsecuente a la conversión. Para ellos la conversión era el único requisito para experimentar el bautismo del Espíritu Santo, que es un evento posterior para abundar en servicio a Dios. Enseñaban que la obra de Cristo en la cruz era suficiente y que se abarataba esa obra al tener que buscar una segunda experiencia santificadora para lidiar con el pecado. Al convertirse una persona ya comienza a crecer y madurar en gracia. El proceso sólo tiene dos pasos y se vería así:

Conversión / Proceso de Santificación------------------Llenura del Espíritu Santo

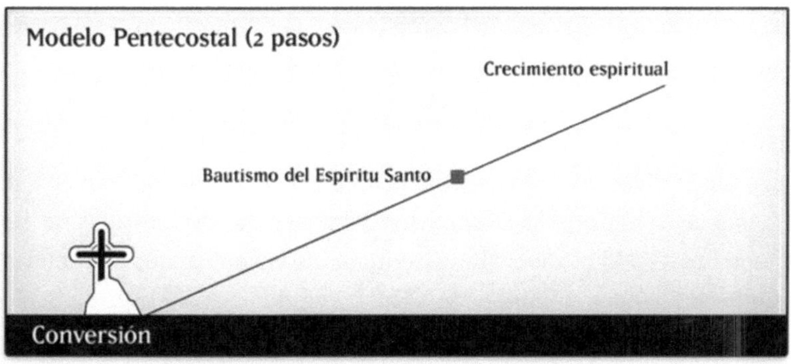

Pearlman, un escritor de las Asambleas de Dios, argumenta que muchos que tal vez sientan que pasan en sus vidas por una segunda obra de gracia simplemente pueden estar despertando a la realidad de que ya han sido santificados posicionalmente en Cristo (Gundry, Five Views of Sanctification, p. 111). Lo que ambos grupos tienen en común es el requisito de hablar en lenguas al momento de recibir el bautismo del Espíritu Santo. Algunos insisten en que el don de lenguas continuará a lo largo de su vida. Para otros, hablar en lenguas es sólo una bendición inicial que no necesariamente perdurará en todos, a menos que tengan ese don específico.

Spittler define la persona espiritual como alguien que "está abierto a las cosas del Espíritu, completamente consagrado a Dios, bendecido con uno o dos dones espirituales más allá del don de lenguas (que se asume), tal vez el don de la sanidad, conocimiento, discernimiento o sabiduría" (Alexander, <u>Christian Spirituality: Five Views of Sanctification</u>, p. 140). La experiencia personal es un valor del más alto grado en el peregrinaje espiritual pentecostal. Aquellas cosas que son sentidas o experimentadas personalmente por el creyente definen el proceso de santificación. La mayoría de los pentecostales están de acuerdo en que no se puede alcanzar la perfección en esta vida. Sin embargo, se debe perseguir la santidad como marca de ser discípulo serio de Jesús, ya que para esto fue otorgado el Espíritu Santo.

El libro de Hechos (especialmente 2:4) es crucial en la interpretación bíblica pentecostal para el argumento de que el bautismo del Espíritu Santo viene como evento posterior a la experiencia de conversión. El noveno punto de la Declaración Fundamental de Verdades de las Asambleas de Dios dice: "Las Escrituras enseñan una vida de santidad sin la cual ningún hombre verá a Dios. Por el poder del Espíritu Santo podemos obedecer el mandamiento 'Sean santos, porque yo soy santo'. Santificación completa es la voluntad de Dios para todos los creyentes y deberá ser algo que perseguimos al caminar en obediencia a la Palabra de Dios" (Gundry, <u>Five Views of Sanctification</u>, p. 110). Si bien esa santificación se persigue ahora, en el cielo queda perfeccionada. Luego cita los siguientes textos: Hebreos 12:14; 1 Pedro 1:15, 16; 1 Tesalonicenses 5:23, 24 y 1 Juan 2:6. Escritos pentecostales a menudo citan también Isaías 6; 1 Corintios 1:2; 6:11; 2 Pedro 3:18; Hechos 8:4; 19:1-7 y otros.

4. Modelo Místico o Contemplativo

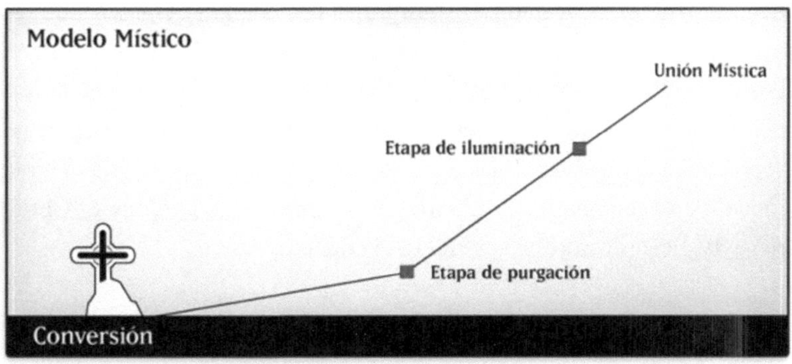

Aunque este modelo es más reconocido en la tradición católica, hoy en día se lo encuentra entre protestantes y evangélicos también. El nombre contemplativo y místico ya delata el hecho de que esta perspectiva sobre la espiritualidad lleva al discípulo a la vida interior como el espacio donde ocurre el proceso de crecimiento y madurez con Dios. Es a través de las disciplinas espirituales y la contemplación que se llega a estar más cercano a Dios. Glenn Hinson, considerado por algunos como contemplativo evangélico, describe un proceso de entrar en comunión secreta con Dios que lleva a abrirse a su presencia. Dice que en la tradición contemplativa "nuestra tarea es abrirnos a la gracia de Dios y sus energías" (Alexander, <u>Christian Spirituality: Five Views of Sanctification</u>, p. 174). El fin principal de la espiritualidad contemplativa es tener unión con Dios y pureza de corazón. Para llegar a esto Hinson prescribe que debemos "someternos, abandonar nuestro yo, rendirnos, humillarnos y darnos completamente a Dios" (Alexander, <u>Christian Spirituality: Five Views of Sanctification</u>, p. 177). Hinson admite que hay mucho en común con la perspectiva pentecostal en cuanto al énfasis en la experiencia personal. Incluso reconoce que a veces hay más interés en la experiencia personal que en la precisión teológica (p. 168). La tradición mística, en este sentido, es más subjetiva y se enfoca en llegar a Dios a través de la contemplación y las disciplinas espirituales en lugar de enfatizar un Dios que se revela y llega al hombre. Algunos autores místicos definen la contemplación como una forma de vivir donde el buscador de Dios se convierte en completamente auténtico al unirse con Él, al amarle perfectamente. Esto se hace renunciando al egoísmo y practicando las disciplinas espirituales que son obras de gracia en la vida de una persona. Egan describe en el libro <u>An Anthology of Christian Mysticism</u> cuatro pasos en la vida del creyente:

- Etapa de purgación: es lavado de amor propio y sensualidad
- Etapa de iluminación: descubre intimidad con Dios
- Etapa de muerte mística: pasa por la noche oscura del alma
- Etapa unitiva: se une a Dios siendo partícipe de su vida

Cuando llega a esta última etapa se enfoca momento a momento en Dios y en el servicio a otros en ministerio. La idea es que al amar a Dios perfectamente queda capacitado para servir a otros con poder transformador. En la etapa unitiva la "chispa de Dios" en el ser humano queda más encendida que en cualquier otra etapa. Egan escribe:

"El místico genuino es purificado e iluminado y eventualmente unificado a un Dios personal. De esta unión de amor fluye un conocimiento amoroso, una sabiduría secreta que hace cortocircuito con la memoria y va más allá del intelecto y el conocimiento conceptual o abstracto. Aunque podemos cultivar una disposición a recibirlo, el esfuerzo humano no lo puede conseguir por sí solo, ya que es estrictamente un regalo de Dios" (Egan, p. xxiii).

El lenguaje en muchos de los escritos de los místicos es metafórico. Los pasajes de las Escrituras, desde hace siglos, se usan en la tradición contemplativa de forma altamente alegórica. Hacen uso frecuente del Cantar de los Cantares ya que enfatizan el amor que se describe en este libro como metáfora del amor entre Dios y el que lo busca. Otros pasajes utilizados son Salmos 19; 139; Mateo 5:3; Marcos 8:34; 1 Pedro 5:6; Hechos 17:28 y Filipenses 2:5.

5. Modelo Keswick

Este modelo deriva su nombre de la Convención Keswick, una convención anual en Inglaterra que comenzó en el año 1875.

J. Robertson McQuilkin introduce el modelo de santificación llamado Keswick diciendo que "mucho de la controversia sobre la santificación o de cómo vivir una vida cristiana normal es por enfatizar lo que Dios hace a costa de lo que hace el ser humano o de enfatizar la responsabilidad humana por encima de la iniciativa divina. La perspectiva llamada Keswick provee una solución equilibrada y bíblica al problema de la experiencia cristiana subnormal". Esta perspectiva enseña que la mayoría de los cristianos, aún después de la conversión, se sienten derrotados por el pecado y no pueden superar ese desaliento. La única manera de salir adelante es renunciar al intento de agradar a Dios por las propias fuerzas y tomar la única alternativa: rendir la vida y convertirse en un canal para que Cristo sea el que viva en uno y lo lleve a la vida victoriosa.

El propósito de esta reunión es ayudar a los cristianos a fortalecer y profundizar su vida espiritual. El orden progresivo de la asamblea de cinco días es la siguiente:

- Lunes: Un enfoque en los efectos debilitantes del pecado en la vida del cristiano.
- Martes: Un enfoque en la provisión de Dios mediante la cruz para combatir el pecado.
- Miércoles: Un enfoque en la respuesta humana mediante la consagración al Señor.

- ▶ Jueves: Un enfoque en la vida guiada por el Espíritu Santo.
- ▶ Viernes: Un enfoque en el servicio al mundo en ministerio y misiones.

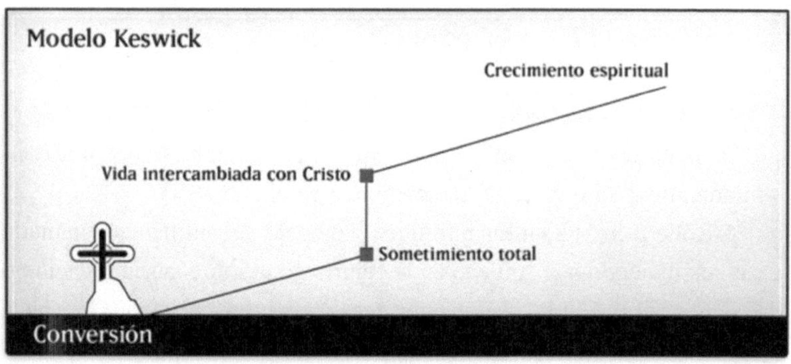

McQuilkin reconoce los otros modelos de santificación y ve que la perspectiva Keswick tiene mucho en común con ellos. Lo que distingue al modelo es que enseña que, aunque no se puede alcanzar la perfección en esta vida, sí se puede tener éxito en resistir consistentemente la tentación de violar en forma deliberada la voluntad de Dios. La clave está en intercambiar la vida de uno por la vida de Cristo. Uno de sus principales representantes, el Mayor Ian Thomas describe la vida del cristiano como la de un guante que permite que la mano de Dios entre a trabajar en él. El guante no tiene vida propia; sólo se mueve cuando la mano está dentro. El creyente ha muerto a su propia vida y ahora Cristo vive en él. **Intercambia** su vida por la de Cristo. Por ello esta perspectiva también se conoce como la teoría del intercambio. Se cambia la resistencia por la obediencia. Se cambia la naturaleza pecaminosa por su naturaleza de santidad. El cristiano debe rendir y ceder su vida más que hacer un esfuerzo de voluntad en el proceso de santificación. Algunos han visto problemático esto último ya que aunque Cristo vive en el cristiano que está muerto al pecado, Dios sigue queriendo que crezca, pero no es Cristo el que necesita crecer. Gálatas 2:20 dice "… *ya no vivo yo sino que Cristo vive en mí*" pero sigue siendo el cristiano quien necesita crecer en madurez y gracia, y no el Señor. Es cuestión de tener una antropología teocéntrica.

Los estudiantes de la historia de este modelo notan que ha habido influencias tanto calvinistas como wesleyanas en las conferencias de Keswick. La enseñanza general es que aunque la antigua naturaleza con su carnalidad permanecen en el cristiano, este puede ser victorioso contra el pecado debido a la presencia y el poder del Espíritu Santo. McQuilkin propone tres etapas en el proceso de santificación:

- Santificación posicional: La persona es perdonada, justificada y regenerada por Dios. Queda separada del pecado y consagrada a Dios.
- Santificación vivencial: La persona ahora puede perfeccionar la medida de santidad que tenga.
- Santificación permanente: Esta etapa, también llamada *glorificación* es la transformación total a la imagen de Cristo.

En este modelo la segunda etapa es la que se trabaja para incrementar la semejanza a Cristo, unión con Dios, y separación del pecado en esta vida. Las causas de una experiencia cristiana subnormal son la falta de fe, la ignorancia, la desobediencia y la falta de confianza. El cristiano auténtico se rendirá a la voluntad de Dios para su vida y será guiado por el Espíritu Santo. Intercambiará su vida por la de Cristo. Ya no es la persona misma quien está creciendo sino que sólo se rinde y permite que sea Cristo quien viva en su interior. La oración, la Biblia, la iglesia y el sufrimiento son considerados medios de gracia para el creyente.

Romanos capítulo 6 es clave para entender este modelo ya que describe la nueva creación en Cristo y cómo el cristiano está muerto al pecado y vivo en Cristo. Allí Pablo llama al creyente a alejarse del pecado y explica la gracia de Dios y cómo el cristiano ahora es un esclavo de justicia. Este modelo enfatiza pasajes como Filipenses 1:6; Juan 10:28, 29 y Romanos 8:31-39.

Conclusión

El autor de este trabajo preferiría estar escribiendo acerca de la santidad más cerca del final de sus días y no en la mitad de la batalla ya que hay tanto que aprender y madurar. No todos estos modelos tienen la misma validez. El estudiante tendrá que evaluar su propia perspectiva frente a la Palabra de Dios, guiado por el Espíritu Santo y aconsejado por la comunidad cristiana.[283] Podría ser saludable discutir los méritos de cada tradición eclesiástica y aún mostrar porqué aquellas que uno no comparte, fallan en su interpretación bíblica. Se puede citar como ejemplo la orientación netamente individual que tiene el modelo místico, en contraste con lo que para las Escrituras significa la santificación: *"La voluntad de Dios es que sean santificados; que se aparten de la inmoralidad sexual (...) y que nadie perjudique a su hermano ni se aproveche de él en este asunto"* (1 Ts. 4:3, 6), es decir, la santificación del cristiano se vive y se comprueba en relación con el prójimo, no en una última etapa de santificación sino desde su conversión.

Podría ser saludable conversar con cada tradición, pero llegar a odiar, como algunos lo hacen, a los que sostienen una postura diferente

---

[283] También sería aconsejable conocer la perspectiva católica acerca de la santificación. Es un tema muy complejo, pero para resumir lo esencial, la doctrina católica tradicionalmente destaca el lugar de los sacramentos y de la Iglesia en la santificación. Se cree que el católico recibe el Espíritu Santo, el perdón, y la gracia inicial en el bautismo. Después, la persona "colabora" con la gracia de Dios, haciendo uso de los sacramentos (especialmente la Eucaristía y la penitencia), y contribuyendo con sus propios méritos.

en este asunto particular, anula la misma concepción de santidad que se está tratando de defender. El gran predicador J.C. Ryle escribió en 1879: "Demasiadas veces hemos estado satisfechos con celo por la ortodoxia y hemos sido negligentes a las realidades sobrias de la práctica de nuestra santidad" (Packer, <u>Faithfulness and Holiness: The Witness of J.C. Ryle</u>, p. 117). Continúa: "La verdadera santidad, debemos recordar, no consiste meramente en sensaciones e impresiones internas. Es mucho más que lágrimas y llantos, que el entusiasmo corporal, que un pulso apurado y un sentimiento apasionado por nuestros predicadores favoritos o nuestro propio partido religioso, y una disposición a combatir con todos los que no estén de acuerdo con nosotros. Tiene más que ver con la imagen de Dios que otros pueden ver y observar en nuestras vidas privadas, en nuestros hábitos, nuestro carácter y nuestros hechos (Ro. 8:29)" (p. 96).

Una cosa es segura: Dios quiere que sus hijos maduren en la relación con Él. Los ha separado del pecado con la intención de unirlos a Cristo y también con un propósito misional. En el calvario han sido justificados por fe y tienen la salvación como regalo de Dios. La gracia de Dios ha sido derramada y han sido llamados a caminar con Cristo en un proceso de santificación y madurez cristiana que durará toda la vida.

Un veterano en el ejército de Dios dijo: "En el cielo apareceremos, no en armadura, sino en vestimentas de gloria. Pero aquí nuestras armas de guerra hay que llevarlas puestas de día y de noche. Con ellas debemos caminar, trabajar, y dormir… si no, no somos verdaderos soldados de Cristo" (Packer, Faithfulness and Holiness: The Witness of J.C. Ryle, 71). La santidad es un llamado al discipulado y aunque la salvación es por gracia, el seguidor de Cristo debe estar dispuesto a entregar toda su vida. "Si alguno quiere venir en pos de mí, niéguese a sí mismo, tome su cruz cada día, y sígame" (Lc. 9:23). ¡No hay corona sin cruz!

Bibliografía

Alexander, Donald, ed. Christian Spirituality: Five Views of Sanctification. Downers Grove: IVP, 1988.

Egan, H., ed. An Anthology of Christian Mysticism. Collegeville, MN: The Liturgical Press, 1991.

Elwell, Walter, ed. Evangelical Dictionary of Theology. Grand Rapids: Baker, 1984.

Gundry, Stanley, ed. Five Views of Sanctification. Grand Rapids: Zondervan, 1987.

Harrison, Everett, Ed. Diccionario de Teología. Grand Rapids, Michigan: T.E.L.L., 1985.

Outler, Albert, ed. John Wesley. New York: Oxford University Press, 1964, 1980.

Packer, J. I. Faithfulness and Holiness: The Witness of J.C. Ryle. Wheaton: Crossway Books, 2002.

Roldán, Alberto Fernando. La Espiritualidad que Deseamos. Buenos Aires: Publicaciones Alianza, 2003.

Santa Biblia, Nueva Versión Internacional. Sociedad Bíblica Internacional, 1999.

Thomas, W. Ian. The Saving Life of Christ. Grand Rapids: Zondervan, 1963.

GUÍA DE ESTUDIO
FORMACIÓN ESPIRITUAL

Contenido

Cómo establecer un seminario en su iglesia

Para desarrollar un programa de estudios en su iglesia, usando los cursos ofrecidos por la Universidad FLET, se recomienda que la iglesia nombre a un comité o a un Director de Educación Cristiana. Luego, se deberá escribir a Miami para solicitar el catálogo ofrecido gratuitamente por FLET.

El catálogo contiene:

1. La lista de los cursos ofrecidos, junto con programas y ofertas especiales,
2. La acreditación que la Universidad FLET ofrece,
3. La manera de afiliarse a FLET para establecer un seminario en su iglesia.

Luego de estudiar el catálogo y el programa de estudios ofrecidos por FLET, el comité o el director podrá hacer sus recomendaciones al pastor y a los líderes de la iglesia para el establecimiento de un seminario o instituto bíblico acreditado por FLET.

Universidad FLET
14540 S.W. 136 Street, Suite 108
Miami, FL 33186
Teléfono: (305) 378-8700
Fax: (305) 232-5832
e-mail: admisiones@flet.edu
email de tareas: tareas@flet.edu
Página web: www.flet.edu

Cómo obtener crédito académico para este curso

Si usted todavía no es estudiante de la Universidad FLET y desea recibir crédito por este curso, debe:

1. Llenar la solicitud de ingreso.
2. Enviar a la oficina de FLET o entregar al representante de FLET autorizado, una copia de su diploma, certificado de notas o algún documento que compruebe que haya terminado los doce años de la enseñanza secundaria (o educación media).
3. Proveer una carta de referencia de su pastor o un líder cristiano reconocido.
4. Pagar el costo correspondiente de inscripción y del curso (Ver «Política financiera» en el Catálogo académico.)

Cumplir con los requisitos del curso.

Nota: Ver «Requisitos de admisión» en el Catálogo académico para más información (Si no tiene un Catálogo académico lo puede solicitar gratuitamente en nuestras oficinas o mirarlo en nuestra página web: www.flet.edu).

Si usted es **estudiante** de la Universidad FLET, debe:

1. Comunicarse con nuestras oficinas.
2. Indicar el nombre del curso y pagar el costo del curso.
3. Cumplir con los requisitos del curso.

Cómo hacer el estudio

Cada libro describe el método de estudios ofrecido por esta institución. Siga cada paso con cuidado. A diferencia de otros cursos de FLET, este curso no está diseñado para hacer ni en grupos ni individualmente, sino en relación con un mentor, es decir con un pastor o algún otro guía espiritual. Durante el curso, se explicará lo que significa la mentoría y cómo se debe realizar.

El plan de enseñanza FLET

El proceso educacional debe ser disfrutado, no soportado. Por lo tanto no debe convertirse en un ejercicio legalista. A su vez, debe establecer metas. Llene los siguientes espacios:

Anote su meta diaria o semanal de estudios:_______________

Horario de estudio: _______________________________

Opciones para realizar el curso

Este curso se puede realizar de dos maneras. Si desea hacer el curso a un paso cómodo, lo puede realizar en el espacio de dos meses (tiempo recomendado para aquellos que no tienen prisa). Otra opción es hacer el estudio con el plan extendido, en el cual se completan los estudios en tres meses.

Descripción del curso

Este curso anima al estudiante a seguir las pautas bíblicas en su propio crecimiento espiritual. Provee herramientas y aliento en el proceso de la santificación, haciendo que sus estudios teológicos no sean simplemente un ejercicio académico, sino una verdadera formación espiritual.

Metas y objetivos

Metas

1. (Cognitiva) El alumno conocerá las pautas bíblicas del crecimiento espiritual y las herramientas que Dios nos ha dado para lograrlo.
2. (Afectiva) El alumno estará convencido de la necesidad de utilizar los medios de gracia en busca de su propia transformación espiritual.
3. (Conducta/volitiva) El alumno establecerá hábitos del uso de las disciplinas espirituales para crecer en la gracia.

Objetivos

El alumno demostrará que ha logrado las metas al hacer lo siguiente:

1. Describirá en sus propias palabras las enseñanzas bíblicas acerca del crecimiento espiritual y de los medios de gracia.
2. Establecerá una relación de mentoría con un guía espiritual para animarse mutuamente en el ejercicio de las disciplinas espirituales.

3. Formará hábitos del ejercicios de las disciplinas espirituales, incluyendo la oración, el estudio bíblico, la meditación, el servicio, la adoración, el compañerismo, y los sacramentos.

Tareas en general

El alumno:

1. Leerá el texto *Formación espiritual* por Gary Teja. Mantendrá un cuaderno en el que escribirá respuestas de las preguntas de repaso y de los ejercicios. Al completar cuatro lecciones, entregará por correo electrónico o por correo normal una copia del cuaderno a las oficinas de FLET si estudia en forma individual o al facilitador si estudia en grupo. Entregará el cuaderno completo al final del curso, el cual será revisado como parte de su nota final. (El estudiante individual enviará el cuaderno a FLET, el estudiante en grupo lo entregará al facilitador)

2. Comenzará una relación con un mentor, en que se reúnen una vez cada semana para conversar y orar por el crecimiento espiritual del alumno. Entregará un informe de las reuniones semanales que ha tenido con su mentor durante seis semanas. Su mentor también entregará un informe de las reuniones semanales que ha tenido con el alumno durante seis semanas.

Calificación

La nota final será calculada de acuerdo a los siguientes porcentajes:

Cuaderno de respuestas y ejercicios de *Formación espiritual*   60%
Informe de reuniones con el mentor   20%
Informe del mentor acerca de las reuniones con el alumno   20%
Total   100%

Metas, objetivos, y tareas específicas para cada lección

Lección 1

Metas
1. El alumno conocerá el significado y la meta de la formación espiritual.
2. El alumno estará convencido de la necesidad de comenzar bien una vida de ejercicios espirituales para su propia formación.
3. El alumno comenzará a practicar algunos ejercicios de la formación espiritual.

Objetivos
1. El alumno escribirá sus propias reflexiones sobre pasajes bíblicos que tratan del significado y de la meta de la formación espiritual.
2. El alumno comenzará a mantener un cuaderno para anotar sus reflexiones espirituales personales.
3. El alumno encontrará una persona que está dispuesta a ser su mentor espiritual.

Tareas

1. Compre un cuaderno que servirá como un diario espiritual, o abra un nuevo documento en su computadora que será su diario espiritual.
2. Lea capítulo 1 de *Formación espiritual*.
3. Conteste las preguntas de repaso al final del capítulo, usando su diario espritual.
4. Complete los ejercicios al final del capítulo, usando su diario espiritual.
5. Busque a alguien que podría ser su mentor para este curso. Pónganse se acuerdo acerca del día y la hora de sus reuniones semanales. Saque fotocopias de las dos páginas al final de este texto, "Instrucciones para el mentor", e "Informe de reuniones con el mentor", y entregue las copias al mentor.

Lección 2

Metas

1. El alumno conocerá el fundamento bíblico y teológico de la formación espiritual.
2. El alumno conocerá los medios de la gracia.
3. El alumno tendrá el deseo de usar los medios de la gracia.

Objetivos

1. El alumno explicará en sus propias palabras el fundamento bíblico y teológico de la formación espiritual.
2. El alumno comenzará a tener un encuentro diario con Dios.

Tareas

1. Lea capítulo 2 de *Formación espiritual*.

2. Conteste las preguntas de repaso al final del capítulo (usando el diario).

3. Complete los ejercicios al final del capítulo (usando el diario).

4. Lea el apéndice, "Modelos de la santificación", por Juan Wagenfeld.

5. Escriba un informe de la lectura del apéndice, indicando: a. un resumen del contenido, b. lo que más le ha llamado la atención en la lectura, c. el impacto práctico que ha tenido la lectura en usted personalmente. (Incluya esta tarea en su diario espiritual.)

6. Practique un encuentro devocional diario esta semana. (Escriba sus reflexiones en el diario.)

7. Reúnase con su mentor para conversar y orar. Si no lo ha hecho todavía, saque fotocopias de las dos páginas al final de exte texto, "Instrucciones para el mentor", e "Informe de reuniones con el mentor", y entregue las copias al mentor.

El mentor debe reunirse una vez por semana con el alumno para orar con él y animarlo en su vida espiritual. Esta reunión no debe tomar más de una hora. No queremos complicar esta tarea, y tampoco queremos forzar algo en forma poco natural. La conversación debe ser espontánea, y no mecánica. Por lo tanto, sugerimos unas pocas preguntas que el mentor debe hacer al alumno antes de orar:

1) Estudios. ¿Qué ha estudiado esta semana? ¿Hay algo especial que ha aprendido?

2) Familia. ¿Cómo está su familia?

3) Alumno. ¿Cómo está usted en general? ¿Cómo está, espiritualmente hablando?

4) Oración. ¿Cómo podemos orar por usted esta semana?

Lección 3

Metas
1. El alumno conocerá el significado de cada una de las disciplinas espirituales principales.
2. El alumno tendrá el deseo de seguir el ejemplo de Jesús en la práctica de las disciplinas espirituales.
3. El alumno conocerá las pautas bíblicas acerca de la oración y el estudio bíblico.

Objetivos
1. El alumno explicará en sus propias palabras los hábitos de Jesús en cuanto a las disciplinas espirituales.
2. El alumno identificará las disciplinas espirituales mencionadas en algunos pasajes bíblicos clave.

Tareas
1. Lea capítulo 3 del texto, *Formación espiritual*.
2. Conteste las preguntas de repaso al final del capítulo.
3. Complete los ejercicios al final del capítulo.
4. Reúnase con su mentor para conversar y orar.

Lección 4

Metas
1. El alumno conocerá los principios de la lectura bíblica, la meditatación, la oración y del ayuno.
2. El alumno tendrá el deseo de practicar estas cuatro disciplineas.

Objetivos
1. El alumno explicará en sus propias palabras el significado de la lectura bíblica, la meditatación, la oración y el ayuno.
2. El alumno practicará la lectura bíblica, la meditatación, la oración y el ayuno.

Tareas
1. Lea capítulo 4 del texto, *Formación espiritual*.
2. Conteste las preguntas de repaso al final del capítulo.
3. Complete los ejercicios al final del capítulo.
4. Reúnase con su mentor para conversar y orar.

Nota

Para poder evaluar su progreso, el alumno deberá presentar su cuaderno de trabajo con las respuestas de las preguntas de repaso y de los ejercicios de capítulos 1-4.

Si el alumno está estudiando en un grupo, debe mostrar estas dos tareas al facilitador.

Si está estudiando como individuo, debe enviar las tareas por correo electrónico o enviar una fotocopia de las tres tareas directamente a la oficina de la Universidad FLET.

Lección 5

Metas
1. El alumno conocerá la manera de mantener un diario espiritual, y de practicar el retiro, el silencio, y la adoración.
2. El alumno tendrá el deseo de mantener un diario espiritual y de practicar el retiro, el silencio, y la adoración.

Objetivos

El alumno comenzará a mantener un diario espiritual, y practicará el retiro, el silencio, y la adoración.

Tareas

1. Lea capítulo 5 de *Formación espiritual*.
2. Conteste las preguntas de repaso al final del capítulo.
3. Complete los ejercicios al final del capítulo.
4. Reúnase con su mentor para conversar y orar.

Lección 6

Metas

1. El alumno comprenderá las diferentes personalidades y cómo la personalidad afecta la formación espiritual.
2. El alumno identificará su propio tipo de personalidad.

Objetivos

1. El alumno hará algún tipo de test para identificar su tipo de personalidad.
2. El alumno escribirá en sus propias palabras cómo su tipo de personalidad afecta su formación espiritual.

Tareas

1. Lea capítulo 6 del texto, *Formación espiritual*.
2. Conteste las preguntas de repaso al final del capítulo.
3. Complete los ejercicios al final del capítulo.
4. Reúnase con su mentor para conversar y orar.

Lección 7

Metas
1. El alumno conocerá el significado y la importancia de la mentoría espiritual.
2. El alumno estará convencido de la necesidad de reunirse regularmente con un mentor.

Objetivo

Si no lo ha comenzado todavía, el alumno comenzará a reunirse semanalmente con un mentor para conversar y orar.

Tareas

1. Lea capítulo 7 del texto, *Formación espiritual*.
2. Conteste las preguntas de repaso al final del capítulo.
3. Complete los ejercicios al final del capítulo.
4. Reúnase con su mentor para conversar y orar.

Lección 8

Metas
1. El alumno conocerá los mayores obstáculos a la formación espiritual.
2. El alumno estará dispuesto a eliminar los obstáculos más comunes a la formación espiritual.

Objetivo

El alumno describirá en sus propias palabras cuáles son los obstáculos más grandes a la formación espiritual.

Tareas

1. Lea capítulo 8 del texto, *Formación espiritual*.
2. Conteste las preguntas de repaso al final del capítulo.
3. Complete los ejercicios al final del capítulo.
4. Reúnase con su mentor para conversar y orar.
5. Pida al mentor que envíe su informe a la oficina de FLET (vea la última página).
6. Escriba y envíe su propio informe de las seis reuniones con el mentor. Saque una copia del mismo formulario en la última página del texto, o escriba sus respuestas en forma electrónica, y envíelas como email.

Entrega de tareas

Al final del curso:

El alumno deberá enviar a la oficina de FLET su cuaderno (o su documento de computadora) que contiene su diario espiritual, incluyendo: a) las respuestas de las preguntas de repaso del texto *Formación espiritual*, b) las respuestas de los ejercicios del texto, c) el informe de lectura del apéndice, "Modelos de santificación", y d) el informe de reuniones con el mentor. Además, el alumno debe pedir al mentor que envíe un informe de las reuniones a la oficina de FLET. Estas tareas serán evaluadas por el personal de FLET. Si tiene acceso a correo electrónico, es preferible que envíe sus tareas como un documento electrónico, de esa manera se agilizará el proceso de evaluación. La dirección es: tareas@flet.edu.

Instrucciones para el mentor

¡Gracias por ayudarnos con esta tarea tan importante! ¡Esperamos que sea de mucha bendición, tanto para el alumno como para usted! Este material ha sido preparado para el uso de un pastor o guía espiritual quien está dispuesto a servir como mentor para un alumno (o alumna) de la Universidad FLET.

La Reunión

Usted debe reunirse una vez por semana con el alumno para orar con él y animarlo en su vida espiritual. Esta reunión no debe tomar más de una hora. No queremos complicar esta tarea, y tampoco queremos forzar algo en forma poco natural. La conversación debe ser espontánea, y no mecánica. Por lo tanto, sugerimos unas pocas preguntas que el mentor debe hacer al alumno antes de orar:

1. Estudios. ¿Qué ha estudiado esta semana? ¿Hay algo especial que ha aprendido?
2. Familia. ¿Cómo está su familia? ¿Hay algún problema que desea conversar?
3. Alumno. ¿Cómo está usted en general? ¿Cómo está, espiritualmente hablando?
4. Oración. ¿Cómo podemos orar por usted esta semana?

Nuestro deseo es que que el mentor desarrolle una relación de larga duración con el alumno, en que se ayuden mutuamente en su crecimiento espiritual. El compañerismo y la oración servirán para que los dos "corran la carrera con los ojos puestos en Jesús, el autor y consumador de la fe" (Hebreos 12.1-2). Si usted desea leer un poco más acerca de la mentoría, pida al alumno que le permita leer el capítulo siete del texto, *Formación espiritual*, por Gary Teja.

El informe

Después de seis reuniones semanales, el mentor debe escribir un breve informe acerca de estas reuniones. No es necesario hacer un informe largo, sino solamente usar el formulario en la siguiente página. Envíe este breve informe a la oficina de la Universidad FLET, 14540 SW 136 St., Suite 108, Miami, FL 33186. Sería mejor todavía si pudiera enviarlo por correo electrónico a: tareas@flet.edu.

¡Que el Señor le bendiga!
La facultad de la Universidad FLET

INFORME DE REUNIONES CON EL MENTOR

Nombre y apellido del alumno: _______________________

Nombre y apellido del mentor: _______________________

Ciudad y país: _______________________

1. ¿Cuántas veces pudieron reunirse? (Ponga un círculo.)

1 2 3 4 5 6

2. ¿El alumno compartió acerca de sus estudios, su familia, su propia vida, y su vida espiritual? (Ponga un círculo.)

Nunca A veces Casi siempre Siempre

3. ¿Oraron juntos en las reuniones? (Ponga un círculo.)

Nunca A veces Casi siempre Siempre

4. ¿Piensa que este tiempo fue provechoso? (Ponga un círculo.)

Nada Poco Bastante Muy provechoso

5. Explique abajo, o en el dorso de la hoja, cualquier comentario acerca de estas reuniones.

Firma _______________________

Enviar a:
    Universidad FLET,
    14540 SW 136 St., Suite 108,
    Miami, FL 33186,
    EE.UU.

O enviar en forma electrónica a: tareas@flet.edu.